運命を拓く×心を磨く

出光佐三

THE GREAT PERSON SAZO IDEMITSU

松本幸夫 著

SOGO HOREI PUBLISHING CO., LTD

※本書は『海賊とよばれた男　出光佐三の生き方』（総合法令出版刊）の改訂新版です。

まえがき

私が彼、出光佐三《いでみつさぞう》から学んだことは、大きく3つある。

①黄金《おうごん》の奴隷になるな
②自分の頭で考えろ
③自分の行動基準を持て

ということだ。

佐三の学生時代は、日露戦争の戦勝ムードに世間が酔い、好景気でもあった。
「金がすべて」という風潮のなかで、佐三は反発した。

金よりも大切なものがある、と。

それは「人」なのだと。

実は、この拝金主義の傾向は、強まりこそすれ、一向に弱まる気配はない。

成功したといわれる過去の経済政策だって、一歩間違えば「黄金の奴隷」になってしまうのだ。

利益第一で、目的のためには手段を選ばずというのは、「人の道」から外れるものだろう。

だから、佐三が終生貫いた、「**黄金の奴隷になるな**」というのは、本書を通して私が最もいいたいことの1つである。


2つ目の、「自分の頭で考えろ」ということ。

私には著述家以外の顔として、研修講師という仕事がある。

講義の際は「教える」というよりも「(自分で)考える」ということを受講者に伝

え、実践させている。

考えることの大切さは、以前、NHK『マイケル・サンデルの白熱教室』で有名なサンデル教授の「教え方」を研究していても感じた。

サンデル教授は教育の目的を、「自分で考える」ことができる人材に学生を育てることだ、というのだ。どうやら、洋の東西、時代を問わず、真理は1つらしい。そしてこれは、何も教育に限らない。

人材育成、つまり人を育てることは今、ビジネス界でも急務と言ってよい。

不正がまかり通り、黄金の奴隷が増えているのも皆、「人」として育てられてきていないからだ。そして、人として育っているかどうかの証明は、自分で考えることができるか否かにあると、私は信じている。

佐三は、本書でも詳しく述べていくように、「自分で考えること」と「自ら体験すること」を重んじた。それだけで生きたといっても過言ではないのだ。

3つ目が、「自分の行動基準を持て」ということだ。

あなたが行動するうえでよりどころとしているのは何か？

己の夢か、社是か、尊敬する人の生き方か、あるいは正義か？

いずれにしても、その基準をコロコロと変えてはいけないのはおわかりであろう。

佐三も行動基準を持ち、しかもそれをずっと貫いて生きたのだ。

彼の基準は、決して利己的なものではなかった。否、そこには私心がなかったといってよい。

佐三のバックグラウンド

本文に入る前に、佐三が生きてきた時代の背景について簡潔に説明しておこう。

より詳しい説明は本文でも行うが、時系列に沿った解説が深く佐三を理解する助けになるだろう。

❖ 佐三の幼少期

出光佐三は、１８８５（明治18）年に福岡県宗像郡赤間町で藍問屋の次男として生まれた。現在の宗像市だ。

この土地には航海の安全を司る宗像大社がある。天照大神《アマテラスオオカミ》が素戔嗚尊《スサノオノミコト》から誓約《ウケイ》の申し出を受けたときに、素戔嗚尊の剣を噛み砕き、息を吹きかけて生まれた三柱の女神（田心姫神《タゴリヒメノカミ》、湍津姫神《タギツヒメノカミ》、市杵島姫神《イチキシマヒメノカミ》）を祀る由緒ある土地だ。『「神宿る島」宗像・沖ノ島と関連遺産群』として、２０１７年に世界遺産にも登録されている。

佐三は幼少期は神経症を患うなど虚弱体質であり、また後述するが眼病にもかかり、強度の弱視であった。

進学も周囲の反対から通常より2年遅れて福岡市商業学校（現・福岡市立福翔高等学校　以下、福岡商業）に入学するなど、若い頃より苦難に満ちていた。

この苦難により佐三は類稀な素養を養うことになる。

福岡商業を卒業後は九州を出て名門である神戸高等商業学校（現・神戸大学　以下、

神戸高商）に進学した。卒業すればエリートとして華やかな職場で働くことも夢ではなかったが、佐三は丁稚《でっち》として個人商店に就職をした。

丁稚とは、商家に住み込みで働く奉公人のことだ。普段の仕事は店の雑用のほか、商品の運搬や掃除もする。年に2回、盆と正月に休暇があり、小遣いと仕着（主人からもらう着物などのこと）を主人からもらうが、それ以外は基本的に無給だ。同期たちが大企業や大手企業に就職するなか、この決断は周囲からは理解されなかった。しかし、佐三にも考えがあった。

❖商人として

商人としての修行を経た佐三は、１９１１（明治44）年、門司《もじ》で出光商会を創立。「店主」とよばれるようになる。漁船の燃料を扱い、苦難により培われた発想力で他社と競い合っていた。かつて「海賊」とよばれた男としての所以を見ることができる。

このように、第一章では若いころからの佐三の信念・考え・柔軟な発想力を紹介している。

日露戦争後のこの時代、ロシアに勝利した日本は満州に進出。1906（明治39）年には南満州鉄道株式会社（満鉄）が設立されたが、佐三は満鉄を相手に機械油を売りはじめる。それをきっかけとして出光商会は大陸に進出し、会社としても成長を遂げようとしていた。

佐三の経営方針の1つに「大家族主義」というものがあった。

現在の出光興産の前身である出光商会では、従業員となった者を家に子どもが生まれたかのように大切に扱い、問題解決においても家族のように協力し合うということを旨としていた。

誰であっても解雇しようなどとは佐三は考えなかった。

しかし、第二次世界大戦に日本が敗戦すると、佐三は海外支店をすべて失う。引き揚げにより約1000人もの従業員たちが日本に帰還してくるなか、全員を養うため、佐三たちはゼロから国内で再起を図ることとなった。

さまざまな事業で糊口をしのぎ、危険な仕事を任されるなど再びの困難もあったが、その後石油業界に復帰する。そしてついに、世を動かす大きな出来事を出光興産はやり遂げる。後に「日章丸事件」とよばれた出来事である。

❖信念により行動した男

当時、日本の石油業界は戦勝国の企業からなる石油メジャーの傘下となっていたが、佐三たちは極秘でイランと取引し、ペルシャ湾に派遣されていたイギリス海軍の監視を掻い潜って、独自に石油を調達することに成功したのだった。

イランでクーデターが起こったことにより直接の石油取引自体は数年で終わってしまったが、当時の業界のあり方に一石を投じた。

ときは終戦から8年後のことであった。

その後も出光興産は生産調整に反対したほか、ソ連や中国からの原油初輸入を行うなど挑戦を続けた。

なぜ、巨大な力を持つ石油メジャーに反発するのか。

なぜ誰もがやらないことをやってのけるのか。

なぜ黙って流されず、行動をやめなかったのか。

それは佐三の信念に基づいている。

「店主」だった佐三の家族といってもよい「店員のため」、石油を多くの人々に求めやすい値段で提供したいという「消費者のため」、そして「日本人のため」……。

私心のない経営者というのは、稀有《けう》であろう。

しかしここに、信念を貫き、いざとなれば危険な道も臆さずに歩んだ、1人の日本人がいる。

その出光佐三の生きざまを、しかと見届けようではないか。

第一章 熱き男の魂

第二章

ゼロからの再スタート

第二章

佐三の経営哲学

第四章 佐三と人との出会い

第五章 佐三のことば

本文デザイン＆装丁：木村勉
ＤＴＰ：横内俊彦
校　正：菅波さえ子

第一章

熱き男の魂

great person
SAZO IDEMITSU

筋を貫く生き方

「それはおかしい！　納得がいかない、断固として決行する」

そして、佐三はついに〝血判〟を押すのであった。


何事かと思うかもしれない。

佐三が神戸高商に進学する前。つまり、福岡商業時代のエピソードである。

その名も「ストライキ事件」。

佐三は後年、「大家族主義」による経営をうたい、タイムカードなし、定年なし、ストライキなしの出光式の経営を行なっていた。が、面白いことに、学校に対して佐三は、青年時代にストライキ事件を起こしたのだ。ことの事情はこうだ。

福岡商業時代、4年生になった佐三たちに、担任の教師から提案があった。

「卒業前に、お前たちも筑後あたりに修学旅行に行ったらどうだ」と。

「よし、行こう」と生徒は大喜びだった。

しかし、学校側から「行かんがよかろう」と突然の中止の通達。当然、佐三たちは驚き、あきれた。

実は、当時は日露戦争の真っ最中。これを理由に、担任はなかったことにしようというのだ。学校の教師たちは4年生全員を集めて考えを改めるようにせまった。

しかし佐三は、話を持ちかけてきたのは先生だし、今さらやめるのは、納得できないと反対したのだ。

学校側から行こうといって、生徒たちを喜ばせた。それを中止するというのは、初めから何もいわないよりさらに悪い、というわけだ。「ドタキャンするくらいなら、初めから約束するな」ということにも似ている。

結局、「じゃあ、自分たちだけで行く」と決めて、佐三はメンバーをつのり、筑後ではなく北九州への修学旅行は決行される運びとなった。

こういった理不尽なことは、後年も佐三の一番嫌うことであった。

特にGHQや国内石油業界、欧米の石油メジャーも、「利益第一」で理不尽な要求をつきつけてきたことも一度や二度ならず。ついには「許せない」となるのだった。

それに、このストライキ事件からもよくわかるように、後のアメリカの日本への原爆投下という理不尽な仕業に対して、佐三は徹底的にことばで戦ったくらいだ。

筋を通すというのは、ビジネスにおいても「信用」を失わないためには欠かせない行動の基準となるものだ。

そして、それは決して「大きなこと」ばかりではなく、ごく小さな事柄の積み重ねも含まれている。

修学旅行に話を戻そう。

筋を通すのなら、いい出した教師と学校が、修学旅行をあくまでも行うべきだろう。しかし、そうはしなかったために、「よし、自分たちで決行だ！」となったわけだ。しかも、佐三はそのリーダー格でもあった。

これは何だか、後年の出光のやり方を見るようで興味深い。日章丸でイランの石油を輸入したのも、「根は同じ」といえるのではないだろうか。


しかしながら、学校は佐三たちに対して、さらに理不尽な要求で脅してきたのだ。

「どうしても行くというのなら、卒業生は2、3人になると思え」と。

つまり、決行したら、卒業させないという脅しだ。

もちろん、脅しに屈する佐三たちではなかった。仲間はそこで、「血判」を押したのだった。時代がかっているが「血判状」というやつだ。

最近は時代劇にあまりなじみがない読者も多いので解説しておくが、血判とは指を切り、血で拇印を押すことを指す。わざわざ指を切り、痛い思いをして行うのだから、どれほどの感情を伴ったものかわかるだろう。

ちなみに当然だろうが、佐三は人生において初の「血判」を押したのであった。

後で説明するが、この出来事に関しては、その後、政治的な取引で学校や政治家も動き、結果として3週間の停学。通信簿の品行の点を引かれることで幕引きとなった。

佐三は旅行にも行き、退学にもならずに済んだ。


相手がいかに強大であり、力による脅しをかけてきたとしても、決してひるまず、くじけないで正しいと信じた道を歩く。

そんな佐三の生き方は尊い。そして、その生き方は、すでに青年時代から土台が築かれていたのだった。

無私、正義がキーワード

私は、以前より人物を研究して、そこから現代のビジネスパーソンが学びとる、というスタイルでの著述を行ってきている。

たとえば、中村天風、安岡正篤、相田みつを、桜沢如一、アントニオ猪木。あるいは、サンデル教授やスティーブ・ジョブズなども研究してきている。

なかでも私は、日本の「明治人」に興味があり、明治、大正、昭和と生き抜いた中村天風の人生には、興味を大きく持ったものだった。「人の生き方」を説いた、元軍事探偵で、ヨガの修行もした天風は、稀有の人生を送った。

天風とはまったく異なる人生ではあったが、出光佐三も、明治、大正、昭和を生き抜いた信念の人であった。

もしかしたら、天風と佐三に骨太の明治人として共通点はないだろうか？　と考えてみた。

確かにある。それはしかし、「性格」に起因するものかもしれないが、確かに「似ている」点があるのだ。

天風が、修猷館《しゅうゆうかん》（現・福岡県立修猷館高等学校）の学生時代、軍隊と学校側がトラブルになったことがある。

軍隊に向けて、学校内から投げ入れた石が国旗に当たったことが「不敬罪」になるのだという。しかし、犯人が名乗り出なかったので、天風は「自分が投げた」といい張ったのである。犯人の学生をかばうだけではなく、軍隊に対する反発心からの行動だったのだろう。とにかく「弱者の味方」であり、「正義」にのっとって行動する人であった。

また、こんなこともあった。

柔道の対抗試合で、修猷館は勝利した。しかし、面白く思わない相手側は、大人数で天風を袋叩きにした。

それに対して、天風は「1対1」で「仕返し」をした。叩きのめして、最後には刃物を持ち出した相手の1人が亡くなってしまう。

まだ明治維新から間もなく、気性の荒い「武士」の多かった時代だ。しかし、刃物を持ち出すのは卑怯とされ、天風は正当防衛となる。

このように、1人に大勢でよってたかってくるのは「正しくない」のだ。天風の行動は「正義」がいつもその底流にはあった。だから、正しくないことは許せなかった。誰が何といっても。

佐三もそうだ。

「正しいこと」が彼の行動を左右する。

また、天風と同じく、幼少の頃の「性格」「生きざま」は、まさに三つ子の魂百まであり、ずっと後年まで続くのだ。

すでに解説した修学旅行に関する出来事でも、後年、「正しいこと」と信じたなら、納得しないと考えを変えない、という佐三の姿の原型をここに見ることができるだろう。

結局、あの旅行のメンバーは40人から20人になった。目標とする八幡製鉄所の見学は実現しなかったが、小倉や門司を見てまわってきた。そして、佐三は市議会議員に、学校の落ち度を説き、先ほどの顛末《てんまつ》となったのだった。

当時の校長に、「筋を通してやらかすので手がつけられない」といわしめたのである。

天風と同様、無私、正義の人といってよいだろう。

何でも体験しておくこと

仕事のなかで、気が進まないがやらねばならないことはある。メールのチェックとか、資料のまとめ、コピーとか、ずっと調子の変わらない作業を延々とくり返さなければならないこともある。

たとえば、客の購入したものを袋に詰める作業がある。日本のスーパーやコンビニなどで店員がしてくれている袋詰めを、専門的に行う作業員。これをバッガー(Bagger)という。

当然、バッガーの仕事は単調な作業そのものといってよい。

これをただ嫌々やる人のことを、シングルバッガーという。重い商品も、大きなものも、何も考えずにただ嫌々詰める。当然、紙袋なら破れてしまうことになる。これを転じて、単調な作業に不平不満をたらたらとこぼし、ネガティブに取り組む人のことを「シングルバッガータイプの人」とよぶ。

しかし、なかにはまったく同じ単調な仕事に楽しそうに取り組む人もいる。それを「ダブルバッガータイプの人」という。ちなみにダブルというのは、重い荷物で袋の底が抜けないように、袋を2枚重ねることからきている。


どうやって一見「つまらない」と思えるような単調な作業を、楽しく、客の目線に立ってできるのか、疑問もあるだろう。

「やりたくないなあ」となるのが、当然の反応と思えるからだ。

「私は将来、この店を経営したい、経営者だったら、バッガーの仕事を覚えて、指導もできなくてはいけない。よし、今日は効率的で楽しめる作業の方法を身につけよう」

というように、**経営者目線で仕事を楽しみながら工夫していく**こと。

これが単調な作業も楽しみながら取り組む、ダブルバッガータイプになるためのコツではないか。

佐三が、せっかく神戸高商を卒業したのに丁稚として商店に入ったとき、周囲からは批判された。なかには、高商の面汚しだと批判する者さえいた。だが、佐三には考えがあった。

丁稚に入ったのは、小麦粉と機械油を売る個人商店であった。だから、否応なく佐三は、注文も取りに行ったし、配達もした。あるいは、帳簿や伝票をつけることも。つまりは商店でやるべきことはすべてやったのだった。

大きな店であれば、どうしても個人のやることは細分化されて、自分の担当する部分しか覚えることができない。しかし佐三は、丁稚として働くことで商売の全体像を覚えていくことができたのだった。

もちろんそれは、一日が終わるとバタンと倒れ込むほどの激務ではあった。しかし、そこにはダブルバッガータイプの人のような物事のとらえ方もあるだろう。

そして何よりも、**士《し》魂《こん》商《しょう》才《さい》の大商人になる、**という大きな「志」が佐三を支えていたのは間違いない。

海賊とよばれたきっかけ

私は、研修講師としてのキャリアが長い。

はじめた当時は、いわゆる「パッケージ」として、決まった中身、決まった研修の進め方を売っていた。

このやり方だと大量の受注ができるし、効率もいい。そのため、スタートしてしばらくはこの方法で多くの研修を行った。

しかし、時代とともにいわゆる「カスタマイズ」が欠かせなくなった。

たとえば交渉のセミナーで、「ウチは価格交渉がほとんどないので、それに合わせた中身にしてくれ」といわれたなら、それに合わせて「カスタマイズ」してニーズに応えるのだ。

カスタマイズせずに、昔ながらのパッケージのみで研修をしていたなら、早晩、依頼はなくなってしまう。

これは、研修以外の業界でも同じだろう。顧客のニーズにどこまで応えていけるかが、生き残りの鍵となる。

佐三は明治紡績の工場で用いる油を、当時としては珍しかった「用途別」に調合して、大口商談をまとめたことがあった。つまり、カスタマイズをしたのである。

後に「海賊」とよばれるようになったエピソードも同じである。

当時、漁船の発動機は灯油を燃料としていた。しかし、同じ動かすのであれば「軽油のほうが安いし、燃費もいい」と、佐三は考えたのである。

そこで、売り込みをはかった。ところが当時、油の特約店には厳しい「なわばり」があったのだ。

佐三が売り込んだのは、下関にある大手であった。当然、門司の佐三の店の「なわばり外」である。

ここで、あきらめないのが佐三であった。

「下関の会社やなかろうに」と漁師にいわれると、「陸の上では売りません。海の上なら問題はない」といい切り、下関という自社の「なわばり外」で軽油を売ることに成功したのだった。

もちろんいうまでもなく、強弁、屁理屈、しかし必死の力を出したのである。

やがて売り上げを伸ばした佐三に対して、周囲のやっかみもあったが、何よりも親会社の日本石油（以下、日石）からクレームが入った。

その返答で、今や伝説となったその一言こそ、佐三が「海賊」とよばれるきっかけとなったのである。

「海の上に下関とか門司とか線でも引いてあるのですか？」

このセリフを口にする度胸と豊かな発想力が、当時の佐三にはあったのだ。

黄金の奴隷になるな

「LA international」誌の1997年6月号で、出光佐三は自らの経営哲学について語っている。

佐三の学生時代は日露戦争後の好景気であり、〝Money talks〟、まさに「金」がものをいう時代であった。

『金さえあれば』。これがまさしく「黄金の奴隷」になった人たちの思考だ。このような人たちは金額でしかものを考えないので、しばしばお金以外の価値あるものを忘れてしまう。これは現代人にもいえることだ。

実際に私は20、30代は報酬の高い職場を選び、金額を仕事選びの優先順位付けの基準にしていた。現代では当たり前のことだが、一方で、佐三と比べたら、さもしい考えではないかとも思う。

しかし年をとるにつれて、体力面の心配も出てくるようになった。後半は次第に報酬は関係なくなり、自宅から近い所を優先していた。地方より都内という具合だ。

今は「自分が価値があると考えるもの」が尺度となった。

今思うと、「お金第一」という決め方は、まさに黄金の奴隷というにぴったりだ。

佐三は黄金に代わるものとして「人間中心」を説いたと自ら語っている。そう、**大切なのは人間そのものであって、決してお金そのものではない。**

戦争中はどうだったのだろうか？

そこで中心となったのは、

- 法律
- 機構

●数

という力であった。

「われわれは少人数の人間で、生きた仕事をやる」というのが、たとえ戦時下であっても「佐三流」であったといってよい。

その当時、

●法律、機構の奴隷になるな
●数の奴隷になるな

ということばをつくったという。

戦後はＧＨＱの占領政策によって、日本の産業は競争力を失ってしまった。

なかには、白洲《しらす》次郎のように反骨精神の持ち主もいたが、大半は権力に弱い。

そのため、この頃は、**「権力の奴隷になるな」**が佐三のモットーであった。

当時は冷戦がはじまりつつあったが、資本主義にも、共産主義にもマイナスな面もプラスな面もあるため、主義や思想というのは必ずしも万能ではない。消費者第一の理由に加えて、ソ連から原油を輸入したのも、主義にとらわれないという佐三の理念を表しているといえる。

奴隷にならないというのは、結局〝Going my way〟で、己の信ずる道を、誰が何をいおうともまっしぐらに歩けということだ。

人の生きる「道」、武道などでも「道を究める」などという。英語でも、人の生きていく道は〝The way of life〟ともいう。一切にとらわれずに我が道を行きたい。

「黄金の奴隷になるな」の真意

佐三のモットーである「黄金の奴隷になるな」というのは、何もお金を軽視しろというのではない。

現に、佐三は何度も経営はうまくいっているのに、手持ちの運転資金が足りなくなり、銀行とスレスレの交渉をしたことが何度もある。

幸いにして、銀行の幹部は、佐三の人物、健全経営、出光社員の勤勉さによって、佐三を信用し、彼という人間に賭けてくれた。このように危機を脱することは、一度や二度ではなかったのだ。

だから、金のありがたみは十分わかっていて、資本主義の世のなかで必要不可欠なことも十分に承知のうえでのことなのだ。

お金の威力は無視できない。否定もできない。なので、お金の力を肯定しつつ、一にも二にも人が大切だという世のなか、時代にしたいと佐三は考えたのではないだろうか。

「黄金の奴隷になるな」の真実を、佐三はこのように語っている。

金を尊重せよ、乍併金に膝ま付くな

（『我が四十五年間』より）

店員の不断の修養の力のみよりて、この妙諦を体得し得る

（前掲書より）

つまりは、お金は大切で必要だと肯定していく。

ギリギリのところで「奴隷」となってひざまづくというところに近づいても、奴隷

になる直前で、しかし自分の人間力により「いや人間のほうが大切だ」と乗り越えていく力。そういう修養の力だけが、お金を消費して、されど奴隷にならないという「さじ加減」をつかむコツだというのである。

お金を全否定も間違い。

お金を全肯定も間違い。

まっ先に考えるべきは、人間尊重であり、事業の成功である。

お金は「必要善」と肯定して、しかしひざまずかないというのが、私のとらえ方である。

私たちは、黄金の奴隷になってはいけない。

資金も究極は人

いかに人間尊重を旗印としてかかげても、やはり企業経営には、当然「軍資金」は必要だ。

しかも、消費者と生産者を直接結ぶことを旨とする佐三の方式は、他社以上に運転資金が不可欠であった。

これは、諸刃の剣のようなもので、佐三のビジネスが大きくなればなるほど、借入金はふくらんでいくのであった。

現実に、日常的な資金繰り以外に、大きく2回、出光は資金上危機にあった。

それは1924（大正13）年と1927（昭和2）年の2回である。

前者は、第一銀行による貸付金の回収。後者は、金融恐慌である。

結果としては、第二十三国立銀行により、出光商会は助かったといってよい。なぜなら、二十三銀行の後身、大分合同銀行の融資継続によって資金のメドが立ったからだ。

出光商会のメインバンクは、当時第一銀行と二十三銀行だった。

ところが、不況の名目で第一銀行は当時の25万円程の全額返済を求めてきた。同程度の金額を二十三銀行からも借り入れていたために、経営が立ち至らなくなること必至。しかも、万一、二十三銀行までもが手を引くとなると、出光商会の存在そのものが危なくなるのだった。

出光佐三は、二十三銀行の当時門司支店長だった林清治氏に、直談判した。

「林支店長、第一銀行は回収するということです。あなた方はどうしますか？　もしそうなら、必ず、時間はかかりますが戻します。私は店を閉めることになるが、いかがか？」

という内容を、正直に、誠意を込めて伝えたのである。

自分のところはつぶしても、二十三銀行には迷惑をかけないという佐三の決意だった。

林支店長は、個人的に佐三の能力を認めていて、今でいう「ファン」であった。ファンであるからには、この佐三の決意を聞いたなら、選択肢は助けるしかない。

もちろん、借入金額は大きいけれども、出光商会のビジネスが順調であったことも大きかった。林支店長は、二十三銀行の長野頭取と会談して、佐三を助ける旨を告げた。

「頭取、回収することになれば、1年はかかったとしてもできるかもしれません」

そして、佐三を助け、出光商会が残る将来に賭けてみたかった林氏は、さらにいうのだった。

「私はこの人には見込みがあると思う。この人に絶対出してみたいと思う」と追い打ちを加えた。

そして、ついに長野頭取は口にした。

「君がそれほど自信があるなら、やってみたまえ」とイエスを取りつけたのだった。

このように、ビジネスの間柄といえども、基本となるのは「人」である。

当時の林支店長なくして、後年の出光の発展はなかった。

また、それほどまでに人の心をつかみ、「助けたい」と思わせる人間的魅力が、佐三にはあったともいえる。

二十三銀行と出光とのつながりは林支店長と佐三のつながりと同じように深かった。

1922（大正11）年、二十三銀行門司支店ビルが完成した。そこの2階に、出光商会は本店を移しているのだ。出光商会が出光興産と合併した後も、出光興産門司支店として、1965（昭和40）年まで続いたのである。

ビジネスの資金も究極は「人」が大切なのだと、佐三と二十三銀行を見ていてつくづく思うのだ。

成功の素、3本柱

出光佐三の生涯を研究していて、佐三の成功は次の3つによるところが大きいと考えている。

①技術力
②発想力
③自信

もちろん、士魂商才の経営とか、家族主義の経営というのはいうまでもないことだ。

1つ目の技術力とは、満州で佐三が下地を築くことができたのは、列車に用いる潤滑油が不凍であったことだ。つまり、従来独占していたスタンダード石油に、技術力と工夫で勝ったのだ。

2つ目の発想力というのは、漁船の燃料として軽油を下関で売ったように、常識にとらわれずに知恵をめぐらせ、よい商品を大量に販売した力をさす。

もちろん、発想力、技術力なくしては現実化できない。そのため、この2つは車の両輪のようなものでもある。

そして3つ目の自信。ほかで詳しく述べるが、これはイランから石油を輸入断行したことが代表的なものといってよいだろう。

当時、「純粋な日本」の石油会社は佐三のところだけであった。他社は、何らかの外資系企業と組んでいて、石油メジャー系の「外」で動くことはままならなかった。

が、あえて佐三は、日本の消費者のためにイランから石油を輸入したのだ。

しかしその決断には、最悪イギリス海軍による拘束、もしくは撃沈のリスクさえあったのだ。

これを断行するには、不動の自信、信念なくしては難しい。

では、満州鉄道のエピソードを見てみよう。

凍らない油

「海賊」の異名をとったきっかけである、軽油の販売も頭打ちになってきた。しかも、卸の日石があまり大々的にやるなとの通達もしてきた。このままでは国内での販売は頭打ちだ。

そこで「満鉄と商売をする！」と佐三は決断した。

満鉄は大日本帝国が所有しており、設立は１９０６（明治39）年。当初の資本金は2億円だったが、１９４０（昭和15）年には14億円に成長している。

設立のきっかけは、日露戦争における日本の勝利であった。

アメリカの大富豪といえば、やはり浮かぶのはロックフェラーだろう。このロックフェラーのスタンダード石油が、満鉄を牛耳っていたのだ。

そこへ、「満鉄に油を売る」と決めた佐三は乗り込んでいった。もちろん、先の技術力をも併せて。

油を売るといっても、鉄道に用いる「車軸油」が、佐三のねらいである。

満鉄の技術者に売り込みに行くが、まず「スタンダードの油のほうがよい」という先入観があった。この先入観を崩すことからはじめなくてはいけない。

「日本の油と比較したことはあるのですか？」との問いに、技術者は「いや、それはしてないが……」と答えるのであった。

さらに、満鉄の拠点であった大連から３００キロも移動して、佐三はなんとか自分の油のよさをアピールしようとした。そしてやはり技術者は、車軸油をアメリカのものとは比較をしたことがないのだった。

スタンダード以外にも、テキサス、さらにはイギリス、オランダのアジア石油などの油は使われていた。しかし「日本の油」はない。

日露戦争後で、愛国心の強い時代背景があるにもかかわらず、「外油のみで日本の油は使われていない」ということに対して、佐三が内心で「おかしい」と思う下地にはなっただろう。

そして、佐三はすでに気づいていたのだが、どうやら寒冷な気候の満州では、スタンダード石油の油は凍りやすい。そこで佐三は聞いてみた。

「凍りませんか？」

「ああ、寒い日にはある」

「うちのは凍りませんよ！」

「本当か？」

その後も説明をして回り、ついには分析実験をするところにまでこぎつけた。

しかし問題とされたのは、ほかの油よりも低い引火点の160度だった。ところが、車軸油がそこまでの温度になることはない。

「規格がそうなっているので」と現実を見ない担当者。どこの世界にもいる。頭の固い輩《やから》である。

　さらにねばり強く交渉して、ついには満鉄本社から、実際に列車を走らせて行う実験にまでこぎつけた。本当の成功は、逆境のなかであきらめない佐三のねばり強さにも要因があったのだ。ねばり勝ちである。そして実験の日を迎えた。

　実験は成功した。佐三は、やがて1915（大正4）年、満鉄から5万4千リットルの車軸油の注文を受けたのだった。

　実験成功といったが、実はそこでの実験は「この油なら大丈夫」という結果が出たというだけであった。ところが、数百両という満鉄の車軸が燃えるという事故があり、再び佐三は満鉄によばれた。

　今度の実験は、他社の車軸油と一緒に車両を走らせて比較するというものであった。

　ここで、佐三は特別に開発した、「二号冬候車軸油」を持参した。

●ヴァキューム社製
●スタンダード社製
●出光の普通冬候油
●出光の二号冬候車軸油

これら4つの車軸油を長春という極寒地で、実際の車両を用いてテストしたのだった。

箱のなかに羊毛を入れて、焼けたかどうかを判定して、比べると結果は明らかであった。

佐三自身、このように述べている。

この試験の結果がそりゃもう神業だ。僕が焼けるといったヴァキュームのその油は、ボックスの中のウールがね、みな蓋を押し出して飛び出し、中にはなんにもないから焼けるのは当然だ。それからスタンダードのはね、ウールが半分はみ出して、まさに落ちようとしているんだ。次に僕が今まで納めとる普通冬候油は、そのジャーナルの下から、こういうふうに少しはずれているくらいで、まだ下にあるんだ。それから僕が持って行った見本の油は、きちんとはまっていて少しも動かず、完全な状態なんだ。神様がしたような結果が出ている。それで貝瀬さんが、「もうこの油に限る」ということをいったよ。

（『出光五十年史』より）

満鉄が出光の油を採用したのは、当然であったといってよい。

ここから出光は本格的に大陸に進出し、従業員の数も瞬く間に増えていった。

しかし、日本は国際的には戦争に敗れる形で終戦を迎え、海外に出向いていた佐三の部下たちも引き揚げを余儀なくされる。

終戦後に待っていたのは、厳しい資金繰りと、世界で幅を利かせている外国資本の石油メジャーとの競争だった。
この逆境にどのように佐三が立ち向かっていったのか、次の章で解説しよう。

第二章

ゼロからの再スタート

great person
SAZO IDEMITSU

2メートルの巻き手紙

「店員は家族そのものだ。いくら家計が苦しいからといって、追い出すなど断じてならん。いいか1人もだ！」

佐三は幹部連中を前にして、怒鳴っていた。

ときは終戦後、外地から人々が次々に復員しはじめた頃である。

「とはいっても店主、人を減らさねば、本体がやがてはつぶれてしまいます」

「本体よりも、私は家族と共に最後までやり抜くよ。心中も辞さん」

「店主……」

とりつくしまがない、とはこのことだろう。

ひどい噂として、佐三が錯乱して気がふれたとか、自殺したというものまであった。

しかし、店員は家族。くり返していうように家族同然ではなくて、家族そのものだというとらえ方を佐三はしていたのである。

だから、1人もリストラはしないのだ。

もちろん、無策ではない。考えられる手段はすべてとった。

●農場経営
●醤油、食品販売
●定置網漁
●印刷
●ラジオ修理

場所も、農場は鳥取、定置網漁は三重、醤油は茨城というように各地に及んだ。

もちろん最大のウェイトを置いたのは、**石油業界に復帰すること**であったのはいうまでもない。

「1人もリストラしない」という決意を示すエピソードとして、大切にしていた書画、骨董を処分していったことがある。

「お金がなくては、戻ってきた〝家族〟を十分に迎えられない」からという理由だ。手放すのはつらいものがある。

外国にいた店員は、1946(昭和21)年から1947(昭和22)年にかけて大量に戻ってきた。

もちろん、佐三の「全員を家族として手厚く迎え入れる」という決心に揺らぎはなかった。

松山にいた村山義明は、佐三の心を知り戻った店員の1人である。

当時、復員してきてもすぐに職が見つからなくて、郷里に泣く泣く戻った者もいたのだ。村上もその1人であった。

「もう、出光に戻ることはない……」と思っていたところ、なんと佐三直筆の手紙が届く。佐三は、直接訪ねたり、手紙を書いたりして「家族」との絆を断たないようにしていたのだ。

今は、「直筆の手紙」だけでも丁寧だと喜ばれるが、村上にあてた佐三の巻き手紙は、なんと2メートルを超す長さがあった。

「大変だったろう。私は家族としてあたたかく君を迎え入れたい。もともと家族なのだから、戦争があったからといって、その絆は不変だ」

といった内容のもので、切々と佐三の心が訴えられていた。

しかも、戦時中の「給料」として、積立金があり、「金の心配はするな」とも追伸に書かれている。

礼が尽くされた2メートルの巻き手紙。店主であった佐三が自ら送って来たなら、「この人のために」と思うのは当然ではないか。至誠ということばがピッタリ合う。

従業員は家族である

最近は、自社の社員を「家族だ」とよぶ経営者は批判を浴びやすい。パワーハラスメントや職場の問題を、その言葉でごまかしてしまうように思われるからではないだろうか。

しかし、佐三が生きた時代は、今のような労働基準法が整備された時代とは違う。上司と部下の関係性はもっと濃く、それこそ仕事だけではなく、公私共に世話を見ていたこともあっただろう。

だが、その一方で非道な経営者のもとでは搾取されやすい時代であったことも否めない。理不尽な目にあい、職を失くしたり、生活がままならなくなったりした者もきっといたはずだ。

であるからこそ、佐三の「従業員は家族である」ということばの本当の意味が光るのだ。

前項でも書いたが佐三は、戦後の苦しい時期に、1人の社員もリストラしなかった。リストラは、もともとはリストラクチャリングであって、事業の「再構築」を意味する。だから、「人減らし」のみに用いるのは適切ではないだろう。が、ここで佐三がリストラしなかったといったのは、1人の首もカットしなかったという意味である。

これはもう、出光の伝統といってよいことだろう。

佐三は、奈良の松田町に疎開した。すでに東京の出光邸も焼けてしまい、居場所もなく危険であった。

敗戦後、焼け野原のようになってしまった東京で、なんとか佐三は再スタートを切った。

本社は東京の東銀座、歌舞伎座横へと移転した。1945（昭和20）年8月17日、その本社で佐三は訓話した。

- 日本人として誇りを持ち、堂々として再建設に励め
- アメリカは原爆投下により、正義と人道主義を放棄した

という主旨であった。

当時の出光興産は、全社員1006名。このうち本社にいた者が149名。応召中の者も含めて、海外からの復員者は857名いた。

この857名の社員に対して、佐三は彼らのことを、**最後に残った唯一の資本**、と称した。

そして、驚くべきことにこう宣言した。

「たかが終戦ごときに慌てて、彼らを首になどしてはならん」

不足する物資やお金などではなく、社員こそが資本であり、人間を重んじる出光はただの1人も人員整理はしない、と断言したのである。苦境のなか、これは大きな決断だったに違いない。

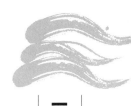

一生懸命さが人を動かす

先の「社員は家族」という佐三の考え方は、社員の「この人のためなら」「この会社のためなら」というモチベーションをグンと上げ、皆がより一生懸命働くようになった。

ただお金のためにとか、出世のためにとかいう利己的な考え方からは、会社への忠誠心は生まれてこないだろう。

どの人も生活が苦しい時代、わが身を顧みず自分を助けてくれる「家族」のためなら、人は理屈抜きでがんばることができるのではないか？

敗戦後、このような気持ちを持った1000人を超す家族を持てた佐三は、幸せであっただろう。第一章で紹介した技術力、発想力、自信に代表される佐三の経営手腕と、1000人の社員の働きにより、戦後、出光興産は日本で大手の石油会社となる。

とはいえ、戦後すぐは辛苦の連続であった。

二度と戦争ができないように日本を解体する。これは表現は悪いが、GHQの重要な任務であった。

日本を解体するには、製油所を操業禁止にしたり、石油の輸入をストップすればよい。生命線でもある石油を断ち、国全体の生産力を削ごうとしたのだ。

そして、1946（昭和21）年、出光に「仕事」がやってきた。

それはとんでもない内容だった。

戦時中も海軍ですら手をつけなかったという、貯油タンクの底をさらう危険な「仕事」だ。

有毒ガスの危険性、重労働、汚れ……。それは難行苦行だった。

旧海軍保有の貯油タンクは、全国8カ所。徳山、佐世保、舞鶴、厚岸、大湊、横浜、呉、四日市である。最大のタンクは徳山にあり、戦艦・大和がここから片道のみの燃料を積んで、最後に沖縄に向かったのは有名だ。

ＧＨＱ参謀本部のアンドレ・チャンという人物が、はじめ商工省に対してこれらのタンクの底油の利用を指示した。しかし、応じる業者は皆無。やがて出光が請けおうことになった。

ひきうけたのの、雇った作業員は皆長続きせず、ついに社員が自分たちでタンクにもぐることになったのだった。

社員の結束力は強かった。仕事がなく貧しさにあえぐ人が多い世のなかでも、誰もやりたがらない仕事を、強い絆をもって彼らは最後まで続けたのだった。

一生懸命に働く人の姿は、必ず誰かが見ている。そして、心が動かされてしまうものだ。

たとえば、元横浜正金銀行門司支店副支配人の枡林《ますばやし》文治《ぶんじ》、そして先のＧＨＱのアンドレ・チャンだ。

「彼らは全然違う！」

というチャンの報告は、ＧＨＱ内部で出光の評価を高めた。ほかの日本人による出光の足を引っ張るような報告とは異なり、チャンの人を見抜く眼は確かであった。

そして、出光が資金難に陥ったときに、枡林の一言によって、どれだけ出光が救われたことがあったか。

人を動かすのは、無私の一生懸命さにあるのは間違いない。見る人は、しっかり見ているのだ。

身につけた能力はなくならない

先日、ほぼ10年ぶりに自転車に乗った。やや違和感があったのは初めの数分で、あとは昔のようにスイスイと乗れた。

別に何ということはない、と思うだろうか？

これは、一度身につけた能力が「復活」する例である。これは何も身体能力に限ったことではない。

ソロバンでも、語学でも一度身につけたなら、それはまさに「一生モノ」となる。

だから、「能力を身につける」ことは、例え日々のビジネスに忙殺されていたとしても、決して忘れてはならないことだ。

前章でも触れたが、戦後、佐三は海外支店をすべて失ってしまい、ゼロから国内でスタートを切る必要があった。

しかし、それは形のうえでだけ。つまり、物理的に支店がなくなったにすぎない。何がいいたいのかというと、すでに海外で、戦前、戦中に培われていた出光の「セールス力」はまったく失われていなかったのである。

自転車乗りと同じで、海外での不動の「セールス力」はすでに社員にしっかり身についていたのだから、出光の企業としての力もすぐに復活して当然だったのだ。

これもほかで触れたように、石油という製品そのものは「品質での差別化」がしにくいものだ。だが出光のセールス力、販売力は、海外で鍛え抜かれていて優れていた。それがさらに国内で応用、発揮されたのである。このように一度身についたら、身につく前のまっさらな状態に戻りたくても二度と失われないのが、人間の能力であり知識なのだ。

これに加えて社員という大きな「家族」が自分の会社を支えてくれて、さらに自分には郷里の宗像神社の神にまもられているという精神的な支柱がある佐三のもと、出光は戦後も発展していくことができたのだ。

あなたのやるべきことは、とにかくスキルに磨きをかけていき、しっかりとした「能力」を身につけてしまうことだ。

そうすれば、戦後すべてを失くしたかのように見えた佐三が復活できたように、あなたにも心配ごとはなくなるのだ。

たとえどこまで落ちたとしても、あなたにも身についた能力がある限り、いつでもどこでも復活して成功できるだろう。

そのために、今からでも全力でスキルアップをすることを心がけよう。

日章丸の快挙、第三の矢

出光商会は１９４７（昭和22）年に出光興産株式会社と合併し、１つの会社となった。同年には石油業に復帰し、１９４９（昭和24）年には供給業務をはじめた。

「民族系石油会社の雄」といえば、出光興産の代名詞であった。

というよりも、出光佐三＝民族系。つまり、日本代表ということでもある。

戦後、日本人を「奮い立たせた」「勇気を与えた」といえばプロレスの力道山であることは間違いない。

力道山の出身地は、実は現在の北朝鮮であったが、当時は戦勝国のアメリカ人や外国人レスラーをバタバタと空手チョップでなぎ倒し、人気であった。「日本人」とし

石油メジャー

スタンダード・オイル・オブ・ニュージャージー	後のエッソ、その後1999年にモービルと合併しエクソン・モービルに
ロイヤル・ダッチ・シェル	オランダ60%、英国40%
アングロ・ペルシアン石油会社	後のブリティッシュ・ペトロリアム、2001年に会社名の変更でBPに
スタンダード・オイル・オブ・ニューヨーク	後のブリティッシュ・ペトロリアム、2001年に会社名の変更でBPに
スタンダード・オイル・オブ・カリフォルニア	後のシェブロン
ガルフ・オイル	後のシェブロン、一部はBPに
テキサコ	後のシェブロン

ての力道山は、まさに戦後のヒーローだったのだ。

シャープ兄弟との名試合（昭和29年あたりであろう）や「晩年」の試合は私も幼少の頃ちらりとテレビ放映などで観た。

それに先立ち、戦後の日本人に勇気を与えてくれたのが日章丸であったのだ。

石油メジャーは国際資本。その実態はアメリカやイギリスといった「戦勝国」がメンバーであった。

これに対して、立ち向かっていく「民族系の雄」「日本人」としての佐三に、当時は国民的な人気があったのだ。

力道山は、いわば国民を熱狂させて日本人の「心」を鼓舞した。加えて佐三の場合は、実際に消費者としての日本人に「利益」を与えてくれたのだった。

実際、イラン石油輸入後には1リットルあたり日本市場で2・5円、灯油は1リットルあたり約3円値が下がったのである。

心を鼓舞し、実利も与える。佐三の人気は絶大であった。

1952（昭和27）年4月、サンフランシスコ平和条約の発効後、出光にも外貨輸入枠が割り当てられた。ついに出光は、ガソリンの輸入も行うことになる。

アメリカから高オクタンのガソリンを輸入できたために、従来のガソリンに革命を起こすほどに消費者に知れ渡った。アポロガソリンである。

しかし石油カルテルは、出光にアメリカ西海岸からの販売を拒否した。そこで、佐三は、ベネズエラやヒューストンから輸入することにした。これら石油の輸入は、日章丸（2世。1世は戦前）で行われた。

アポロガソリン販売前の、アメリカの西海岸からの輸入を「第一の矢」。さらに西海岸から輸入できなくなり、パナマ運河を越えてメキシコ湾岸などからの輸入が「第二の矢」。

そして、「第三の矢」とされたのが、日章丸によるイラン行きだった。この航海については82ページで解説するが、石油カルテルに忖度せず、イランと直接取引をするという試みだった。当時の国際的な動向から見ても、大変危険に満ちた取引であり、後にイギリスの石油会社と裁判にまでなった。「日章丸事件」とよばれることになる。

日章丸の新田船長に対して、佐三は豪快さを感じていた。

しかし、日章丸の「船出」に対しては、おそらく緊張が隠せなかったのであろう。

「何かをまぎらわしている」と佐三は新田船長に感じていたようだ。

「本当は、私が船に乗っていきたいくらいなのですよ」

「わかりますよ、出光さん。必ずや使命を達成してきますから。ワハハハハ」

下手をすると、ペルシャ湾でイランを威圧するイギリス海軍に撃沈される可能性さえあるのに、新田船長は笑い飛ばすのであった。

佐三は、日章丸のイラン行きは本来「国家的使命」を帯びた重大なものであると信じていた。現代から見てもその通りである。しかし、船出はあまりにも寂しく、人目をはばかりながら秘密裏に行われた。

1953（昭和28）年3月23日、その出発時には55名の乗組員は、イランへ向かうことを知らされていなかった。

ペルシャ湾に入る前日、新田船長は乗組員に突然行き先の変更を伝えた。

「私たちの行き先は（イランの）アバダンだ！」

と。

「えっ？」

と乗組員は絶句した。

「イランでは、イタリアのタンカーがイギリス海軍に捕まったばかりでは……」と内心は誰もが思い、不安な表情を隠せなかった。

「私たちには重大な使命がある。日本のためなのだ。これから、出光社長から渡された手紙を読み上げる」

という新田船長のことばに、一同はシーンとなった。そこには、先の第一の矢、第二の矢、そして、君たちの乗る日章丸は第三の矢なのだと手紙に書かれていた。さらに、行く手の難関を乗り越えれば、日本の石油国策を確立する基礎をつくれると信じている、といった内容に乗組員全員が奮い立ったのである。

シンガポールはイギリス海軍の「庭」でもあった。だから帰路は、新田船長の計算でインドネシアのスンダ海峡を通った。

そして、1953（昭和28）年5月、役目を果たした日章丸は川崎港へ入港した。

使命を忘れず行動する

あなたは、自分の仕事やライフワークに、どんな使命を持っているだろうか？

ビジネスパーソンとしての出光佐三は、何よりも、**顧客・消費者優先**であった。できるだけ安い石油を、できるだけ多くの人に供給するというのだ。

海外の石油メジャー主導のもとに「原油輸入オンリー」「消費地精製方式」が、戦後ずっと敷かれてきたルールであった。

それは、どこにも「消費者」「顧客」というものが存在していない。あるのは、「お金」を儲けることをメインとした、メジャーの戦略のみであった。

そんな日本の石油業界に対して、佐三の主張は、**石油製品の輸入も不可欠**というものだった。もちろんそこには精製設備がなかったという出光の苦しい事情もあった。

そんな事情はあったが、しかしそれ以上に、佐三は「大義」「使命」のために主張したのである。それは、「消費者のために」「顧客のために」ということであった。

1952（昭和27）年にアメリカから輸入したガソリンは、高品質、低価格という、まさに佐三の使命に合致したものであった。そのアポロガソリンは、消費者に大きな拍手と共に受け入れられた。

翌年、さらに日章丸でイランからの輸入を成しとげ、日本の市場での石油の値段を下げた。

常に自社の使命を忘れないこと、これができたから、佐三は「名経営者」なのだ。発明、開発をして、世界的なスケールにしていった、松下幸之助のような立志伝中の名経営者もいる。

しかしあえて、品質、商品での差別化の難しい石油業界で「地位」を保ち、消費者第一を実践していった出光佐三は、やはり偉大であったと私は強く思う。

イランからの輸入も、メジャー優先、業界の足並みをそろえることや協調が第一なら、何もイギリスに反対して強行策をとることもなかった。

しかし、佐三にはメジャーもイギリスも関係ない。大切なのは消費者であった。

１９６０（昭和35）年、冷戦下にもかかわらず当時のソビエト連邦からも原油輸入をスタートし、国際社会の事情にひるむことなく果敢に佐三流の商売を展開した。

佐三の「大義」を理解せず、その行動の理由がわからない人は当時も多くいたはずだ。佐三の信念は、共産主義や民主主義といった社会思想を超越しており、それは大義の前には小さなことであったのだ。

あくまでも、佐三にとってもっとも優先すべきは消費者なのだから。

時代の流れを味方につける

極論ではあるが、人生で成功するためには「時代背景」を抜きにしては語れないだろう。

江戸時代には野球選手の大谷翔平も、プロゴルファーの松山英樹も、成功することはなかったというわけだ。

もちろん、佐三もその例にもれず佐三の生きた時代の流れが、大きな味方をしてくれたのは間違いない。

佐三にとって売るものは「石油」であって、何か新しい発明をしたり、特殊なものを開発してビジネスをしたのではなかった。

石油業界は、一般とは違ったセールスをしなくてはいけないのだ。

一般的な店にならぶような商品なら「他社とここが違います」というような品質訴求ができる。しかし、石油は製品とは違い、「他社と違うモノ」は売れない。だから、価格勝負であり、ほかのサービス、条件面での訴求のウェイトは大きくなる。

佐三のビジネスは、「品質」での差別化ではなくて、人で差をつける人材勝負であった。

また、そこに加えて、時代の流れを敏感にキャッチして、さらに消費者も味方につけて大きな成功を手にしたのである。

ちょうど戦後、占領軍と称されたアメリカに心理的に打ちのめされていたのが、当時の1952〜3（昭和27〜28）年頃の日本であった。

もちろん、アメリカを中心とするメジャーの石油カルテルに対しては、「屈して何するものぞ」というのが佐三であった。

また、日本も「真に独立したい」と潜在的に思っていた。

これが「時代の流れ」である。

そこへさらに、イランの石油が革命と共に「国有化」されるという出来事が起こったのだ。


当時の国際情勢を説明しておこう。

第二次世界大戦後、日本だけではなくイランも苦難のときを過ごしていた。

イランは産油国にもかかわらず、石油はイギリスの石油会社によって独占されており、利益が分配されない状況に反発する形での国有化であった。

そこから両国の関係性が急激に悪化し、ついには、イギリスから艦隊が派遣され、海上封鎖をする事態に発展した。ここで、先述したイランの石油を積んだイタリア船が、イギリス海軍に拿捕されるという事件が起こってしまったのだ。

このような状況であったので、イランが石油を売りたくても、買い手がいなかったのだった。

当時は正面から対抗する国も、人もいなかった。それほどまでに、石油メジャーやカルテルは怖い存在であった。

そんななか、これまで述べてきたように1953（昭和28）年、日章丸によってイランの石油を佐三は買い付けた。当時の日本にとって、ワールドカップで優勝するくらいの快挙であり、痛快な作戦勝ちであった。

あたかも、力道山が空手チョップで、戦後の日本人にカタルシスをもたらしたのと同様の開放感を、佐三は当時の日本人にもたらしたのである。

大義のために決断し、断固として行動する

小学生の頃、日本のために石油を輸入した日章丸のことを本で読んだ記憶がある。もちろん、「日本人のために石油を」という大義のために動いたのは、日章丸という船ではなく出光佐三その人であったのはいうまでもない。

石油は資源であるが、「金のなる木」であるのもまた確かであった。石油メジャーの力は強く、売る市場というのは、基本的にメジャーによるカルテルが独占しているような状態だった。

カルテルとは、和訳すると「企業連合」という意味だ。同じ業種の複数の起業が、利益を独占するために協定を組み、商品の価格や数をコントロールすることを表す。

当時も世界的なカルテルが市場を独占しており、値段をつり上げてコントロールしていたのだった。

幸いなことに、戦前の日本では安い石油が売られて、国際カルテルから逃れている状態であった。が、戦後はその競争に巻き込まれつつあった。

国際カルテルに対しては、出光の考え方はこうだ。

カルテルそのものは功労者であるが、しかしスキあらば独占して高く売りつけるのだという。

だから、

こちらが実力をもってスキを与えないようにして向うを利用していけば、向うもよろこんで日本のために尽くす。これがカルテルの本当の姿である。

（『私の履歴書』より）

というのだ。これは、まさにギブアンドテイクであり、この形はいわゆる今でいうＷＩＮ－ＷＩＮ、つまり相互満足型のビジネスとよぶにふさわしい。

一方的にどちらかが「泣く」のではなくて、双方が握手できる関係である。

佐三は、そのために日本は、「実力をつけるべし」というのだ。

外国資本と対等にわたりあうためには、実力がものをいうのだ。

ここでわかるのは、実力にものをいわせて「大義に生きる」と、必ず衝突、軋轢《あつれき》があるということだ。

これは佐三の生涯を見ていたら、よくわかることだ。

しかし、衝突あるところに成長あり、と私は信じている。もちろん、佐三もそうだった。

大義を通すこと、筋を通すことは「士魂商才」をモットーとする佐三にとっては、決して曲げられないところであった。また、それを通し抜くことは文句なくすごいことだというのは、私たちは自分のことをかえりみたなら、すぐわかることである。

「本当はこれが正しい」というのは、皆よくわかっている。

しかし、状況に流され、大勢に影響されて、「まぁ、いいや」「これでいいか」と妥協してしまったことはないだろうか？

するとどうなるか？　外国の資本が入ってきて、屈辱的な条件であったとしても、それを飲む会社が出てきた。

しかし、佐三は基本的にそうはしないのだ。筋を通し、信じた道を行く。

そしてついに、出光のみが外国に魂を売らない会社として残った。

ところが、大義はそのまま通らなかった。

「出光には石油製品を売るな」となってしまったのだ。

外国資本が入ってきて「高い」製品を売るということは、出光の望むところではなかった。

あくまでも、顧客第一。安くてよい石油を供給したい、という心がまっ先にあったのだ。

それゆえに、さきほどのイランとの石油取引についても、リスクを承知で、あえて佐三は行動した。

そしてこの行動は、結果として日本国民、そしてさらにはイラン国民にも感謝されたのである。

ビジネスが第一義ではない「士魂」のあり方を、ここにはっきりと見てとることができるだろう。

いうべきときにいう

一時期、アメリカの「アサーション」が流行したことがある。

古くは「肌の色による人種差別」。さらには、女性解放運動である「ウーマンリブ」ともかかわりを持つ。「自己主張型」とも訳されるコミュニケーションスキルである。

私たちはどうしてもいいたいことをいうとなると、相手のことはおかまいなしに、いわば「攻撃的」になってしまう。

あるいは、極端に感情的になって、相手の気分を損ねてしまうことにもなりかねない。

「アグレッシブ」な対応というのは、自分は勝ち（WIN）、相手は負ける（LOS

E）という好ましくないコミュニケーションとなる。かといって、あいまいにいったのではイエスなのかノーなのか、よくわからない。また、あいまいな「服従型」でいると、相手の言い分が通ってしまい、あなたは「負ける」というLOSE型となる。

つまりは攻撃型でいくと、相手は喜ばない。かといって服従タイプでは、自分がよくない。

ではWIN・WINのように、双方が満足する道はないのかと探り出されて、生まれたのがアサーティブ型だ。つまり相手に気配りしながらも、いいたいことはいうというやり方だ。

佐三は良識をわきまえた、いわばアサーティブ型の人であった。

1955（昭和30）年10月、佐三は資金調達のためにアメリカへ渡った。

徳山製油所建設の大事業があったのだ。

メロン財閥関係のパーティーで日本の石油ビジネスの雄と紹介され、スピーチをすることになった。

すでにバンク・オブ・アメリカから、融資の取りつけに成功していたときだった。

佐三は終戦直後からは豊かになったとはいえ、まだまだ復興の余地がある日本と、ニューヨークをはじめとして、当時、物資の面では世界一豊かだったアメリカとの繁栄の差を目の当たりにした。

メロン財閥でのスピーチは、ガルフ石油の本社があるピッツバーグで行われた。ガルフ石油はメロン財閥系の石油会社であった。

「日本の石油ビジネスは将来性があります」

まだまだマーケットが成長する日本へぜひ投資してください、という友好的なスピーチに、聴衆はおだやかな拍手をしていた。

ところが、場の雰囲気が一変したのは、佐三が次のような話をはじめてからだった。

「皆さんは、アメリカこそが民主主義の国だと信じて、誇りをお持ちですね。しかし、私にいわせれば、あなた方の民主主義はニセモノだ！」

これには、今までおだやかだったアメリカ人も、騒ぎ出した。

さらに、佐三は続ける。

「民主主義の基本は、人間がお互いに信頼し合い、尊敬し合うこと。これには異論はないでしょう。私がニセモノといったのは、あなた方にはそれが欠けているから。会社の入り口にあるタイムレコーダー。机は同じ方向を向いて、後方から上司が監視している。つまり、そこには人間に対しての信頼も尊厳もないというわけだ」

確かに、アメリカ人自身も気付いていなかっただろうが、そういう側面はあるだろう。

しかし、日本のなかでも「特殊」であった出光には、何度も述べているようにタイムレコーダーもリストラも、組合もなかった。

それを聞いて、聴衆の1人が、佐三に尋ねたのである。

「それなら、あなたの会社ではどうなのか?」

大差ないだろうというニュアンスもあったろうが、しかし、佐三は堂々とスピーチしたのだ。

先のアサーティブ型、いいたいことを堂々とはっきり述べたのである。怒らず、感情的にもならず冷静に。もちろん、アメリカ人のやり方をせめるようないい方ではなかった。

「私の会社ですか？　もちろん、タイムレコーダー、出勤簿はありません。上司が後ろから監視するなんてあり得ない。解雇、定年制、組合、すべてありません」

すると、ワッという声があがり、佐三は握手ぜめにあったのだ。

「ニセモノよばわりした相手でも言い分はフェアに聞く。そして認めるべきは認める。こういういい奴らなんだなあ」

と内心、佐三はアメリカ人のすばらしさに、関心したのである。

まずは、しっかりとした自説を持つこと。

「自分はこう思う」という考えを持たなくてはいけない。これは、長年「自分の頭で考える」習慣をつけていた佐三には、容易だったかもしれない。

「この国の資本主義は本物にあらず」というのは、考えた結果というよりも直観だったのだろう。

WEBやAIが発達しつつある時代で、知識だけつけて頭でっかちになりがちな私たちも、「よく考える」「自説を持つ」つまり、私はこう考えるということを、もっとはっきりさせるべきだろう。

そのうえで、自説をアサーティブ型で、冷静に相手に伝えていこうではないか。

もちろん、佐三のガルフ石油のパーティーでの聴衆のように、相手が「聴く耳を持つ」人であればなおさらよいのだが。

自分への投資を怠らない

ユダヤの格言では、人類最大の資産というのは「耳と耳の間にある」という。それはつまり、「人間の脳」のことである。

世界をゆり動かすような発明、発見も、従来にはないビジネス上のアイデアも、組み合わせて創造していくものすべて、人間の「脳」の力でできあがっているのである。だからこそ鉄鋼王と称されたアンドリュー・カーネギーのように、たとえ砂漠にたった1人で放り出されても再び巨万の富を築いてみせると豪語できるのだ。

これは佐三もまったく同様だ。

石油というのはもともと地球上にあったものだ。それを利用して富を築き上げ、

出光興産の市場占有率（1949～1965年）

（%）

	出光興産	日本石油	三菱石油	スタンダード石油		シェル石油	丸善石油
1949年	9.2	30.1	5.6	18.3		17.7	1.8
1953年	11.1	24.4	9.7	12.5		9.8	8.6
1957年	12.8	20.7	11.0	10.8		10.3	10.2
1958年	12.9	19.7	9.9	10.2		10.6	10.1
1959年	13.8	19.8	9.6	10.4		10.0	10.7
1960年	14.5	20.1	9.4	9.7		9.7	9.7
1961年	14.7	19.3	9.5	6.2		9.7	10.6
				エッソ	モービル		
1962年	14.6	17.2	8.8	5.1	5.3	9.2	9.9
1963年	15.1	16.8	8.5	4.9	5.5	8.6	9.1
1964年	16.0	17.6	8.5	5.3	5.8	8.0	9.7
1965年	16.5	17.5	8.4	5.4	5.8	7.6	8.5

（出典）『経営日本主義』新潮社

「家族」である社員を豊かにしていけたのは佐三の「脳」の力と、発想力、決断力といった「人間力」が決め手となったのはいうまでもないことだ。

そして、人間力に磨きをかけるのは、**日々の体験**、これに尽きる。もちろん本を読む、人の話を聞く、というのも人間の成長に欠かせないことではある。

だが、今回、佐三の人物像を研究していると、病弱で、根気が続かないがために佐三に読書の習慣がなかったということがわかった。だから、本だけが特別に重要というわけではないといえるだろう。

郵便はがき

料金受取人払郵便

にほんばし
蔵前局承認

1134

差出有効期間
2026年6月
18日まで

切手をお貼りになる
必要はございません。

103-8790

953

中央区日本橋小伝馬町15-18
EDGE小伝馬町ビル9階
総合法令出版株式会社 行

本書のご購入、ご愛読ありがとうございました。
今後の出版企画の参考とさせていただきますので、
ぜひご意見をお聞かせください。

フリガナ お名前	性別 男・女	年齢 歳
ご住所 〒 TEL （ ）		
ご職業 1.学生 2.会社員·公務員 3.会社·団体役員 4.教員 5.自営業 6.主婦 7.無職 8.その他（ ）		

メールアドレスを記載下さった方から、毎月5名様に書籍1冊プレゼント！

新刊やイベントの情報などをお知らせする場合に使用させていただきます。

※書籍プレゼントご希望の方は、下記にメールアドレスと希望ジャンルをご記入ください。書籍へのご応募は1度限り、発送にはお時間をいただく場合がございます。結果は発送をもってかえさせていただきます。

希望ジャンル：☐ 自己啓発 ☐ ビジネス ☐ スピリチュアル ☐ 実用

E-MAILアドレス ※携帯電話のメールアドレスには対応しておりません。

お買い求めいただいた本のタイトル

■お買い求めいただいた書店名

(　　　　　　　　)市区町村 (　　　　　　　　)書店

■この本を最初に何でお知りになりましたか

□ 書店で実物を見て　□ 雑誌で見て(雑誌名　　　　　　　　)
□ 新聞で見て(　　　　　　新聞)　□ 家族や友人にすすめられて
総合法令出版の(□ HP、□ Facebook、□ Twitter、□ Instagram)を見て
□ その他(　　　　　　　　)

■お買い求めいただいた動機は何ですか(複数回答も可)

□ この著者の作品が好きだから　□ 興味のあるテーマだったから
□ タイトルに惹かれて　□ 表紙に惹かれて　□ 帯の文章に惹かれて
□ その他(　　　　　　　　)

■この本について感想をお聞かせください

(表紙・本文デザイン、タイトル、価格、内容など)

(掲載される場合のペンネーム：　　　　　　　　)

■最近、お読みになった本で面白かったものは何ですか?

■最近気になっているテーマ・著者、ご意見があればお書きください

ご協力ありがとうございました。いただいたご感想を匿名で広告等に掲載させていただくことがございます。匿名での使用も希望されない場合はチェックをお願いします☐
いただいた情報を、上記の目的以外に使用することはありません。

読書の有用性を否定するわけではないけれども、最終的には**自分の頭で考える**ことが重要であり、頭でっかちになってしまうなら読書はマイナスに働くことさえもあり得る。

佐三は敗戦と共にすべての海外支店を失い、そこからのスタートを切らざるを得なくなった。その後の流れは前項までの解説の通りだ。

そして1957（昭和32）年、徳山製油所を建設する。さらに、1962（昭和37）年には「日章丸3世」を建設。そして、翌年の1963（昭和38）年には千葉製油所を建設というように、**設備投資**を積極的に行っていった。出光興産の販売シェアは、1950（昭和25）年の設備投資前が9・2％。1960（昭和35）年の段階で、すでに14・5％と上昇を見たのだった。ただ販売力でのみ努力するのではなく、先を見すえていたのである。

あなたも、このように先を見て「自分に投資」をしなくてはいけない。

しかもそれは、決して「目先」の投資ではいけない。なおかつ、出光のシェアのように「計測化」できるような仕組みも取り入れるべきだ。

たとえば、何にどのくらいお金や時間を使ったか、どのような効果・実績が出ているか、とできるだけ数字で評価していくことで「計測化」できる。

〝Out of sight, out of mind〟（去る者は日々にうとし）という。

同じようなことばで〝Far from eye, far from heart〟（目から遠ざかるものは心からも遠ざかる）というものもある。

私はこれを意訳して、**見える化しないと忘れる**、とセミナーで教えている。あなたの急務は将来の自分が成長できるために「何をするか？」を考えて見える化し、1つひとつ実行することだ。

第三章

佐三の経営哲学

great person
SAZO IDEMITSU

代わりにどうするのか

「もうやめた！」

今までに何十回そういっただろう。

当時、まだ少年だった佐三は、手にした本を投げ出して、ついに叫んだのだった。従来の虚弱体質で根気が続かなかったこと。それに加えて、折れた柳の枝から樹液が目に入ったというのが原因で眼疾を患い、強度の弱視であり、読書は佐三にとって苦行以外の何ものでもなかった。

少年時代のいわば「トラウマ」の克服が、後年の大成の条件となった例も多い。

三重苦ともいえた「経営の神様」の異名をとる松下幸之助。

学歴ナシ、お金ナシ、病弱で体力ナシの松下が、後年この三重苦こそが自分の成功要因と述べたことは、特筆に値するだろう。

また、三つ子の魂百までとはよくいったもので、少年時代の「夢」というのも、当人の後半生に強く影響していることがある。

たとえばナポレオン・ボナパルトは、フランスの皇帝にまでなったが、元々は貴族とは名ばかりの貧しい家庭の出身だ。その少年時代、遠くに虹が輝くのを見て、「捕まえてやる」と駆け出していったエピソードがある。

虹をつかむ、これは『ワンピース』の主人公ルフィが「海賊王になる！」と断じたのと同じで、ナポレオンの将軍になるまでの「夢」であり続けただろう。

話は戻るが、少年・佐三の「トラウマ」について述べておこう。

「自分は、どうやっても本をしっかりと読んでいくことはできない」

こう自覚した佐三のとった行動からお伝えしよう。

本を読めるように努力する。というのは1つの解決策だろうが、佐三はそうはしなった。

本を読めない代わりに、自分は何をしたらよいか？

この「代わりにどうするか」という思考法は、実は後年に至るも、常に佐三の習慣にさえなってしまったことである。

たとえば、欧米のメジャーが石油を売ってくれなくなった。

ここで無理にでもメジャーから手に入れようというのは、先の例なら「なんとか読書できるようにがんばろう」という思考法だろう。

しかし、佐三は、「では、代わりにどうしたらいいか？」を深く考える人間だ。「じゃあ、イランから輸入しよう」と考えたのだった。

そして、その考えを本当に実行に移してしまうのが佐三流なのだ。

「代わりにどうするか」。

この考え方は、私たちのビジネスにおいても十分に役立つものだ。

特にリスクマネジメントにおいては、Aがダメなら、ムリにAを通すというのはあり得ない。

代わりにBは？　Cは？　と可能性を探っていくわけだ。

このように、1つのやり方以外で発想を広げていかないと、そのやり方が通用しなかった場合のリスクがどんどん高まる。

「代わりにどうするか」は、1つのリスクマネジメントとして、やらねばならないことといえる。

少年時代の吃音を克服して、雄弁家となったギリシャのデモステネスや、幼少から病弱で20歳まで生きられないといわれていた男がやがて健康法の創始者となった西勝《にしかつ》造《ぞう》……。

少年時代のトラウマは佐三の場合においても大いに成長の糧となったといえる。

「本が読めない代わりに、自分は何をしたらよいか？」

この問いについて、佐三の結論は「自分の頭で考え抜こう」となった。

読書は「他人の経験の追体験を短い時間でする道具」ともいえる。だが、佐三にはそれができない。この点を補うにはどうしたらよいか。

そこで、自分の頭で考え抜くことに加えて、「徹底して自分で体験していく」という体験主義を重んじるようになったのだ。

これらは2つとも、「読書ができない」ことから、佐三が期せずして体得していったものだった。

我々は佐三ほどに、実体験を重んじて、自分の頭で徹底して考え抜いているだろうか。

知識だけの頭でっかちになってはいないか、自問してみるのも悪くはないことだ。

体験し、自ら考える生き方が成功を生む

佐三は、日本経済新聞で1956（昭和31）年に連載していた「私の履歴書」のなかで、自分の成長に大いに役立った2つのめぐみの内1つとして、読書に縁がないことをあげている。

つまり、本を読むというインプットを、あえてできなかった（しなかった）ことが、成長の要因だというのだ。

本を読むことにも、体力は必要だ。

体調を崩したりすると、あるいは心配事などあると、とたんに読めなくなってしまう。読者の皆さんにもそういう経験がある人がいるのではないだろうか。

佐三は、小学生の頃から不眠や神経衰弱に悩まされており、読みたい気持ちはあっ

たのだが、読めなかったのだという。

加えて、先に述べたように、目の怪我から視力が落ちてしまい、それも併せて「読書しない」のが習慣になってしまう。するとどうなるか?

先の「私の履歴書」で、こう述べている。

そこで読書をのけて私には一つの習慣がついた。それはものをよく考えるということである。何かやるにしても考えて考えて考え抜く。それが私の一生である。

(『私の履歴書』より)

つまり、読書をしないことにより、代わりに「考える力」が養われたのだといえる。

私は、読書や体験からのインプットにより、人は成長するものだとずっと信じてきた。また、それは正しいだろう。

しかし、出光佐三の破天荒な生きざまというのを研究するにつれて、**もしかしたら**

読書よりも、自分で考える力を養う方が、「伸び」は大きいのではないか、と考えるようになってきた。

私が研修講師を長年やってきて、今も実践しているのは受講者に「考えさせる」ことである。

知識は欠かせないものの、今は検索することによって瞬時に情報が得られる。ＡＩ時代の今なら、今後はより効率的に情報収集ができるだろう。

しかし、本だろうがＷＥＢだろうが、ただ情報をインプットしても、それだけでは生きてこない。

「知識は行動することで力になる」といったのは、ベンジャミン・フランクリンだった。

しかし、知識を得たりインプットしたりすることよりも、実は「自分で考える」人間であることのほうが、ずっと大切なのだ。

それがわかって、ようやく、佐三の生き方を理解することができるだろう。彼の意見の正しさがよくわかるのである。

このことは、マイケル・サンデルも説いていたことだ。自分の使命は、自ら考えることのできる人を育てていくことなのだと。


行き詰まったら、たまには読書するのをやめてみてはどうだろうか。

もちろん、目的は「自分で考える」という、新たな習慣を身につけるためだ。初めから本を読まない、ということを肯定しているわけではない。

読書習慣をつけて、功罪をわかったうえで、あえて読むのをピタリとやめてみるのだ。

その体験から得るところは大きいと私は信じている。

自分の行動基準を持つ

あなたは、自分の仕事のなかで、「行動基準」を持っているだろうか？

たとえば、私は研修講師という仕事をしているが、ときとして主催者の依頼に応えて、全国各地で講演をすることもある。

すると1つの基準として、この仕事をはじめた頃は「大きな会社」「ギャラのいい仕事」から受けていくという、今考えると不思議に思う基準で動いていた。

さらに10年くらいすると、体力を考慮して、今度は「近い所」から受けていくという基準に変わった。私の自宅は東京にあるので、帰ることを考えると、九州よりは大阪、大阪よりは神奈川、という具合だ。

さて、自分の行動基準は、このように時間が経つと変わっていくこともあるのだ。

出光主義とは

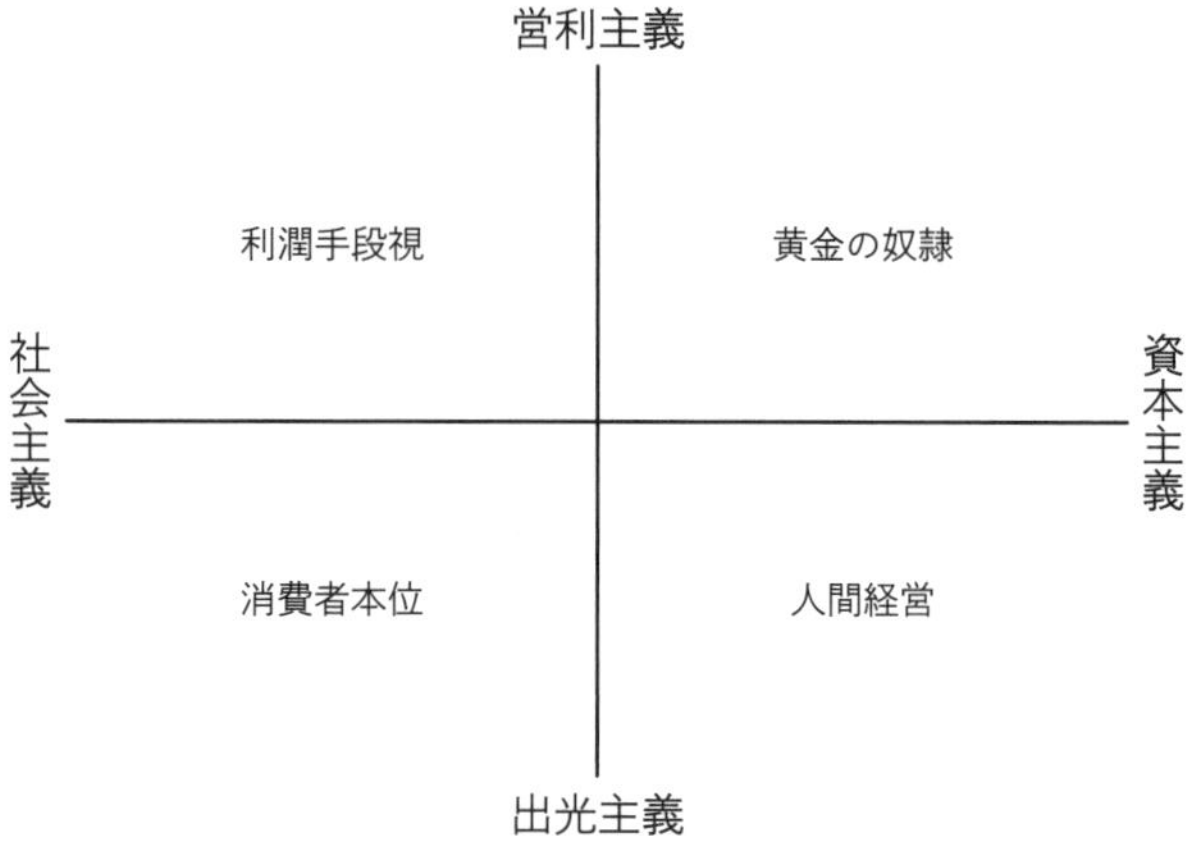

(出典)「出光佐三経営思想の研究」裴富吉、『大阪産業大学論文集 社会科学編103』

ちなみに、今の私の基準は、「自分が話をしたいテーマかどうか」だ。

テーマが挑戦的であったり、やりがいがあったりしそうか？　ということで選んでいるので、相手先の大小や、場所の遠近はまったく関係ない。

ギャラにしても、得るものがあればタダのところでも出向くこともあれば、テーマが合わなければ何十万円でも断っている。

さて、佐三の行動基準は、そこに「世のため人のため」になるかどうか、があるだろう。

しかもこれは、ずっとブレない。ときが経っても変わらないというものであるから、偉いな、と私はつくづく思うのだ。

ここで、佐三の行動基準を示した私たちが心に刻みたいことばがあるので、紹介しておこう。

出光個人の感情ではなく、私たちの仕事は国家の仕事であるという見地から仕事をすすめて行きたいという気持を持っている。

（『私の履歴書』より）

そう、まさに、世のため人のためなのだ。

苦労するほど完成する

今は「昔」となった話だが、「インスタント」ということばが流行ったことがある。どうしたら「なるべく早く」身につくか。簡単に、要領よく「仕事」や「作業」を行うコツは何か。それを「すぐ」「簡単に」、つまりはインスタントに身につけたいので「インスタント時代」といわれていた時代もある。

しかし、これはよく考えたら、今でもその風潮はあるだろう。

「コツ」がスピーディーに身につく。私自身も「短時間で」ということばのついた本を書いたことがあるし、3分とか1分とか、インスタントなビジネス書は多い。これがエスカレートしてしまうと、あまりインパクトはなくなり、さらに「ものすごい」タイトルのオンパレードだ。

以前、早起きの本を書いたら、ほかの本では起床時間が午前4時、3時となっていって、ついには2時起きのようにエスカレートしていった。2時では、朝の早起きというより、まだ深夜である。

「そのうちに、前の日に起きましょう、なんてなるかもしれませんね」と編集者と冗談をいい合った記憶がある。

さて、インスタント、効率的、なるべく早く、などという時代の要請もあるだろうが、これはきりがない。

やはりここで「王道」に立ち返るべきではないか。

つまり、仕事でも、物事のコツをつかむのであっても、一朝一夕にできるものはないということだ。

武道で基礎を身につけて、さらに足さばきなど基本を身につけるために必要な時間のことを「立ち方3年」という。あるいは、空手なら拳の握りをマスターするのに基本はやはり1000日、「握り3年」というくらいだ。

地道に努力して、しっかりと実力を養っていくのに、すぐに身につく方法などないのだ。

コツを身につけるまでには、トライアンドエラー、失敗をくり返していくことで私たちは本物の実力を身につけていくのだ。

努力はつらいし、苦しい。しかし、そこで身につけた実力は本物であって、長続きするのだ。

安易に結果を求めないことは、心しておきたいものだ。

佐三の仕事に対する考え方は、対価を得るために行うものではなかった。仕事の目的は、一瞬突飛なことと思われるが、**人間完成**にある。

つまり、人間として完成するために、日々の仕事に励むのである。

この考え方は、異質ではあるが尊い。特にインスタントに効果を手にしたがる私たちにおいては、価値が高い。

佐三はこんなことばを遺している。

苦労をすればするほど人間は完成に近づくのだ。

（『私の履歴書』より）

反骨心を持つ

この頃いつも思う。「骨のある若い人が少なくなった」と。

だいたいにおいて「耐える」ことがまずなくなっている。生きやすい方向へ、社会がよりよくなっていることの証だとは思うが、ビジネスは競争だ。ゆえにジレンマがある。

さらに、「成長したいなら、もっと大きな敵に牙をむけ！」というような衝突も辞さない覚悟なんてものは、今はもうないのだろうか？

自分よりも巨大な相手には、ハイハイと素直に従ったふりをしていたらよいのだろうか？「忍耐」や「反骨精神」などということばは、死語になったのだろうか。

佐三は明治人である。明治時代はエレベーターやエスカレーターは普及していなかったので、今よりも「不便」であった。そのため「よく歩いた」。当時はエアコンもないので、夏の暑さにも、冬の寒さにも耐えなければいけない。おそらく意識はしていなかっただろうが「耐える」日常があった。

私の考えとしては（今では古い考えではあるが）、「ガマン」したり、「耐え」たりすることによって、心は強化される面もあるのではないかと考えている。だから、何かと耐える時代であった明治人こそ、心は頑強だったのではないのかと信じている。

それは、暑さ寒さに耐えるといった表面的なことばかりではない。

明治時代の合言葉は「富国強兵」であり、欧米列強に対して日本も追いつき追い越せの時代だった。このような帝国主義の時代では、植民地政策が「富国」の一手段であったのだ。

日本もそれに乗り遅れまいとしていたが、日露戦争に勝ったものの列強の横やりが入り、条件も悪かったが握手せざるを得なかった。それはやはり当時の日本にまだまだ「ガマン」「忍耐」をしいるものであった。

「今に見ていろ」という、当時の明治人の我慢が骨太の人材をつくる支えになった一因だと私は信じている。

このように、どんなに相手が強大であったとしても、気持ちでは決して負けない気概を持って生きていきたいものだ。佐三のように信念に生き、大きな相手にも、ときとして堂々と戦うこともいとわないような「反骨心」も持って。

佐三の生き方を見ていて、つくづくそう思う。

心のよりどころを見つける

佐三が生まれたのは1885（明治18）年。出身地は福岡県の宗像郡である。この宗像の地には、宗像神社がある。

地元にある神社というだけではなく、佐三はこの宗像神社こそが自分をまもってくれているという信心を持っていた。

私も、特別な宗教心はないのだけれども、熱心にパワースポットなどに通うと、いざというときに「ああ、まもられているな」と感じるときがある。佐三にもそれが強くあったのだろう。

佐三を語るときに、この宗像神社と神への信仰心というのは欠かすことはできない。ここを外すと、表面的な理解にしかならないのではないだろうか。

戦時中、あたり一面焼け野原になったなか、出光のビルは火災をまぬがれた。「これは宗像神社の加護だ」と、佐三が強く信じたのも無理はないだろう。

さらに、上海にあった石油タンクに爆弾が命中したものの、たまたま中身が空《から》であったこともある。これもまた、佐三の「信心」を強める出来事だった。

偶然は必然なのだと私は考える。

人生のあらゆる偶然には意味があると私は信じている。佐三の場合はすべてにおいて宗像の神がついているという信念を持っていただろう。

ほかでも触れたように、佐三にとって社員は家族である。家族のようなものではなくて、大マジメで真剣に、家族そのものなのだ。

これは、出光興産において実際に「出光大家族」という表現をしていたし、「日本の伝統家族主義に基づく商業の実践」これこそが、彼らの重んじるものと説かれている。

この「家族」主義がビジネスの場で実践されていった結果、出光では会社（経営者）側と従業員側の強固な信頼関係と組織内の助け合いの精神が生まれた。家族なのだから、互いに信じ合い、助け合うのは当然なのだ。

このような状態で、リストラや定年などは、はなから存在しないのだ。

佐三のように相手を無条件で信頼するに、その底流に揺るぎないよりどころを持つことが欠かせないということだ。佐三の場合は、「自分には宗像神社の、そして神の加護がある」という不動の精神の支柱があった。

あなたには、よりどころがあるだろうか？

佐三の禅心

明治人にとって「剣」と「禅」は常識であった。

維新の頃は、「志士」とよばれるような人物は皆、剣と禅の両方を学んだものである。

坂本龍馬にしても、高杉晋作にしても。

幕末の三舟と称された山岡鉄舟、勝海舟、高橋泥舟《たかはしでいしゅう》も。

剣で技を磨き、万が一斬り合いになったときの剣技を身につける。

同時に心を磨くために、禅をマスターする。

ちなみに「座」は座る場所のこと、「坐」は座る動作のことを指し、本来的な意味のうえでは「坐禅」と書くのが正しい表記であるという。

佐三は剣禅を極めたであろうか？

記録では学生時代に体験したことはあったが、佐三が剣を極めたとか坐禅に励んでいたということはない。

しかし、私は佐三の趣味のなかに「禅」を強く感じる。またそこには、「とらわれない心」「こだわらない心」という本来の禅の気風を感じるのだ。

それはいわゆる「禅画」である。

佐三の「禅画」との出会いは、まだ学生の頃であった。

一目見て「これは！」と気に入ったのが、禅僧・仙厓《せんがい》義梵《ぎぼん》の作である「指月布袋《しげつほてい》」の墨画である。この作品は現在、出光美術館に「指月布袋画賛」として収蔵されている。

布袋と少年が月を見上げている画で、布袋は太っていてほほえんでいるので、どことなくユーモアがある。

月は悟りの境地を、月を指し示す指は経典を表している。経典を学習するだけでは悟りは得られず、厳しい修行を通して得るものであると説くものだ。

私などは、『燃えよドラゴン』の1シーンでブルース・リーが弟子の青年に、同じように指を差す先でなく、心の大切さを説いたシーンを思い起こすのである。

ちなみに仙厓和尚は1750（寛延3）年、美濃国に生まれて、博多の聖福寺の住職を務めた。没は88歳。

佐三は剣も坐禅もしなかったものの、仙厓の絵を通じて「禅の心」が養われていたといってもよいだろう。

本人は、仙厓和尚の絵が自分の心の支えになっていたと述べている。

「外部の圧迫を受けるたびに、仙厓和尚の絵を見た」という。

禅僧の心で描いた絵が、佐三の心を救ったのである。

そして、剣や禅を極めた人と同様に、佐三の心を「禅の心」でいっぱいにするのであった。

あえて同じ心に至れとはいわないものの、仙厓の「とらわれない心」を佐三は社員にも持って欲しいという願いがあった。

というのも、「ぜひ、店主（佐三のこと）の肖像画を飾りたい」という支店からの要望がよくあったという。しかし、佐三は自分の肖像画の代わりとして、仙厓の「気に入らぬ風もあろうに柳かな」と記された、柳が風に吹かれる絵のコピーを送るのが常であったというのだ。

「絵から心を学びとれ」という佐三の教えであった。

佐三流と松下流の違い

経営の神様と称されたのが、パナソニック（旧松下電器）を一代で築いた、松下幸之助（１８９４～１９８９年）である。

丁稚奉公からの叩き上げで、病弱、貧困、学歴もないことを克服した幸之助は、そのマイナスファクターこそが自らの成功要因だと説いていた。

ここで、松下幸之助と佐三、「名経営者」とよばれた2人を対比させてみようと思う。どちらも病弱を克服して長命を保ったのも面白い。健康は実は優れた経営の土台といってもよいからだ。

では、社員を統合していくための「主義」で見てみよう。「～ism」である。

前述したように、佐三はこういったものは特に信奉してもいないし、むしろ超越してしまっている。

だからこそ、イランからでもソ連からでも、安くてよい品質の石油を仕入れることでビジネスをしていた。

だからここでいうのは、シンボル的な意味でということだ。

まず、松下幸之助は、以前のブランドであった「ナショナル」でもわかるように、ナショナリズムでまとまった集団である。その結束力、集団力のパワーはすごいものがあった。

ちなみに、盛田昭夫のソニーにおけるシンボルは何だろうか？　これは「インターナショナリズム」、国際的ということであろう。

では、佐三はどうか？　これは、家族主義といってよい。

盛田のインターナショナリズム、松下のナショナリズムのどちらにも、リストラなし、定年なしなどという佐三の初期からのスタイルは決してとれなかった。これが大きな違いであろう。

社員は「家族」であって、「家族のようなもの」ではない。ここが理解できたら佐三の社員の「忠誠」や「一生懸命」が納得できる。

「つとめ」と「くらし」の共同体

では、会社と人生についての佐三流と松下流の違いは何だろうか？

とはいっても、完全に2つは別ものというわけではなくて、松下のやり方も佐三のやり方も重なる部分はある。経営はそれだけ「生き物」のような部分があって、必ずしも固定されたものではないからだろう。

佐三の考え方というのは、ある意味で仕事や会社というのは「人生を完成させるための場」であって、苦しいほどに人間が磨かれていくという考え方だ。「人間道場」いえるだろう。

これはもちろん、松下とも重なってはいる。

しかし、松下流の人生というのは、型としては社会奉仕、社会貢献という感覚に近

会社人生論の3つの型

	出光方式	松下方式	ソニー方式
共同体の型	「くらし」の共同体 （生活協同組合型）	「つとめ」の共同体 （社会奉仕団体型）	「しごと」の共同体 （生業集団型）
集団統合のシンボル	家族主義 （ファミリズム）	民族主義 （ナショナリズム）	国際主義 （インターナショナリズム）
経営の志向性	国家奉仕主義 （集団主義）	民族奉仕主義 （団体主義）	人類奉仕主義 （個人主義）
会社人生論の型	人間主義 （会社「人生道場」説）	会社主義 （人生「おつとめ」説）	仕事主義 （仕事「生きがい」説）

（出典）「生き甲斐論の構図」岩崎隆治、『月刊労働問題』1969年7月号

い。なので人生のなかの「つとめ」というとらえ方が強い。

これをあえて前の項のソニーで考えてみると、仕事イコール「生きがい」であり、社会という共同体で考えると、上の図でいう「しごとの共同体」にあてはまるだろう。

松下は、「つとめ」の共同体。

佐三においては、あえて共同体ということで考えたなら、ベースはやはり家族主義にあるから、これは「くらし」の共同体ということになるだろう。

ソニー型の生業のプロ集団というのは、

現代のビジネスにはピタリと合う。

「ビジネス」ということではないNPO型の活動を仕事にする人も今は増えている。これはどちらかというと松下流といってよい。第一義が社会奉仕、社会貢献ということだ。

そして、今は本当に家族のみの個人経営にしかなかなか見られないのが佐三の「くらし」の共同体であり、メンバーを「家族」ととらえるというビジネス感覚である。

資本主義は、行きつくところまでいくと、佐三の嫌った黄金の奴隷を生み出してしまう。対抗するのはあくまでも「人」中心の、人間経営ともよぶべきあり方だ。

このあたりは、佐三も松下と共通する部分はある。が、まともに血のつながりがなくても「家族そのもの」とみなす佐三とは根本は異なっている。

また、利潤の追求を第一義としないのも、佐三の特徴だろう。

だから出光は、無借金経営どころか、ウルトラ借金経営であった。しかし「人」を重んじているために、「人」から救いの手をさしのべられ、危機を脱したことは一度や二度ではない。

大まかな枠で人間経営、消費者本位というのは、佐三と松下流で重なっているものなのだ。

この2つは、いつの時代にあろうとも「正しい」ことなのだ。

事業を芸術化する

私は研修講師と著述家の2つの仕事をしている。

研修で心がけているのは、たとえマイナーチェンジであったとしても「毎回新しい内容を心がける」ことであり、「同じことのくり返しはしない」ということである。

もちろん、本の場合も「似た内容」にならないように意識はしている。

一番いけないのは、ルーティンワーク化してしまって「いつも同じ」であることだ。

確かに芸術の分野では、同じ舞台を何千回上演するということはある。だが本来、舞台はそれぞれ「1回限り」であることが要求されるものだろう。ルーブル美術館にある「モナ・リザ」だって1枚しかないから芸術的なのだ。

なので、私はいつも「毎回違うこと」を自分の著述、研修のなかで意識している。

そして、それはきわめると「美しさ」をともないはじめるものだ。であるので、「自分のしていることが芸術的であるか？」と最近はこう自問しているのだ。

佐三はどうだったか調べてみた。すると、堀江義人氏の著書『石油王出光佐三 発想の原点』のなかに、佐三がまさに「芸術」「美」ということばに言及したところがあった。

佐三のモットーは「黄金の奴隷になるな」だ。

しかし、人間を尊重し資本主義に抵抗してみても、現実は事業が伸びるほどに、資金難になるというサイクルで悩んでいた佐三である。

その努力を見てある人が、「本業を芸術化しようとしている」といった。

ここではおそらく、「理想を追求する」というようなニュアンスで相手はいったのであろう。

もともと学生の頃に仙厓和尚の禅画を父にねだって手にしたように、「禅」もそうだが、芸術には心ひかれていた佐三である。これは佐三の終生のテーマにもなったのだった。

芸術には真のプロフェッショナルな芸術家と、ただの金儲けに走る芸術家もどきがいる。これは事業の世界でもまったく同じである。

佐三はこう説くのだ。

真の芸術と真の事業とは、その美、その創作、その努力において相一致し、その尊厳と強さにおいて相譲らざるものである。

（中略）

出光の事業は誰が見ても美しからねばならぬ、醜悪なる単なる金儲けであってはならぬ。

（『我が四十五年間』より）

私たちの日々励んでいるビジネスには、果たして「美」が宿っているだろうか？
私は今、自分の仕事に美が宿ることを目標としつつ、自分の信じる道を歩いている。
さて、あなたは？

第四章

佐三と人との出会い

great person
SAZO
IDEMITSU

大きな母の力

「それは絶対にいけません！」

普段はおとなしいが、芯の強いところのある佐三の母であった。

「いや、すでに約束はしてある」

「いいえ、絶対にダメです」

もともと九州は、男尊女卑の傾向の強い土地であった。しかも、時代は明治である。父親が白といえば、黒いカラスも白となる。それくらいの家庭内の権力者であった。今ではまったく想像もつかない時代であったことを忘れてはいけない。

そんな時代、父、藤六が佐三を養子に出す約束を、親戚と取りつけてきてしまったのだ。内心はどうあろうとも、「イエス」と従うのがその時代の母の「相場」ではあった。

まず、普通はそうしたはずなのだ。

ところが、母親は断固として反対した。しかも「理由」をつけて。

「子供の意志を尊重せずに、養子に行けというのはいけない」

というのだ。それは正論であった。そして、ついには藤六にも譲ることはなかった。

結果として、佐三は出光家に残ることになったわけだ。

第一章を思い出してほしい。このように正論を唱えて反対するのは、佐三が母親の「DNA」を継いでいるという言い方もできるだろう。母の性格が幼少時の佐三の潜在意識にインプットされていたのかもしれない。

これは、ほかでも触れているように、佐三は「宗像神社にまもられている」と信じることで安心して仕事に励めたのと同じだ。

佐三本人は、「引っ込み思案、出しゃばらない」と母を評価していた。しかし、「確固たる精神の持ち主」「問題が起こってもびくともしない」ともあわせて評している。おわかりのように、これは佐三の性格でもあるのだ。

この養子事件が「自分は母親の大きな愛にまもられている」という安心感を佐三に感じさせた大きな出来事であっただろう。誰かにまもられているという自覚は、心を安心させて、能力を存分に発揮するための土台となるものだろう。

佐三が母にまもられていたのは、この件だけではなかった。

佐三と両親

母の愛のみならず、佐三には父の藤六から学ぶことも大きかった。

私見ではあるが、佐三のような「人物」を研究していくと、現代的な家族観についてもさまざまに考えさせられる。

現代的な核家族よりも昔の大家族の方が、家族内の「差異」があっただけに、学ぶところは大きかったと思うのだ。

祖父母がいて人生の経験を語り、その「死にざま」を子どもも見る。学ぶ。

また、父と母では役割が分業され、そこからさらに子どもは学びとる。

母からは愛を、父からは生き方や理念を学ぶのが、日本の伝統的な家族観だったように感じられる。

近年は友達親子や友達のような夫婦関係がよいという声もあるが、差異がないだけに、そういった関係性は学びが少ないのではないだろうか、とも考えた。我々は我々の世代なりの有効な家族関係を見出していく必要があるが、それにはやはり、伝統的な家族観と比較するべきだろう。

さらに1つ、佐三の母のエピソードを加えておこう。

「息子には、しっかり学問をさせたい」「学校に入ったからには卒業させたい」というのが、母としての千代の親心であり愛情だ。

神戸商業に行くために、九州から「本土」へ渡って行ったくらいの心情であった佐三。「入ったからには学問に励む」と誓った。

結果として、恩師との出会いはあったが、ここでは母・千代が関係する話をしたい。藤六は佐三の進学には反対で、さらに、福岡にできた商業学校へも行かせようとはしなかった。

しかし、1901(明治34)年、周囲より2年遅れて福岡商業に入ることになった。いうまでもなく、裏では千代が我慢強く藤六を説得したのである。

さらに神戸高商へ進学したときも、加えて、家業が傾き藤六が経済的な支援が難しくなったときも、すべて千代が自分の多くはない貯金を崩して、佐三が卒業するまで助けたのである。

しかも在学中、一切、佐三は母の助けということは知らされていなかったのである。丁稚として就職し、お金をなんとか稼ぎ出してから帰郷して、ようやく佐三は知ることになる。つまり、家業が傾いていたこと、母がなけなしの金をはたいて卒業させてくれたこと、兄弟が苦労していることなどを。

母の愛は偉大である。佐三は、母のありがたさに幾度も涙した。

一方、父の藤六は藍の卸問屋を行っていた。

この藤六が、身をもって実践してくり返し佐三に叩きこんだ教えが、次の3つであった。

①勤勉
②質素
③人のため

「一生懸命に働いて、ぜいたくをせず、人のために生きよ」というわけだ。

これらは佐三の後年の生き方そのものでもあった。

佐三は、「勤勉」「質素」「人のため」という藤六から学んだこの3つを、ずっとよりどころとし、生き方の柱として外さなかった。

このようにしてみると、いかに今の風潮と逆であるかに驚かされる。

いかに楽をするか、豊かに暮らすか、自分が儲かり得をするか。まさに正反対であろう。

一生懸命に努力して働くこと、質素を旨と心がけること、そして世のため人のために尽くして生きること。

現代に生きる我々こそが、持つべき考え方だといえる。

人に見込まれる人になる

佐三が出光佐三であるためには、ある人物との出会いが大きい。その出会いなくしては、まったく別の人間になっていたといってもよい。

1人は、佐三が神戸高商に入ったときの校長、水島銕也《みずしまてつや》。

もう1人は、佐三が独立する際に、当時の8000円という大金を無償で与えた、日田重太郎《ひたじゅうたろう》である。

この水島と日田との出会いがなければ、後の佐三は存在しないといってもよいだろう。

まずは、日田である。

もしもあなたが「こいつは将来モノになる」と見込んだら、大金を無償で与えることはできるだろうか？

神戸高商を出たあとに、もともとは神戸の鈴木商店に入って仕事をスタートさせるのが佐三の心づもりではあった。しかし、肝心の鈴木商店からの返答はない。そこで、鈴木商店と比べたら規模が小さく、個人商店といってよいような酒井商会に丁稚奉公することになった。

当時は仕事をするのは「奉公」であり、自分の金儲けのためにビジネスをするという考えは薄い時代だった。

佐三は学生時代から、「信用を落としてまで金を儲けることはできない」と考えていた。「人材本位」の信念で生きていたためだ。

これは実は、「人に見込まれる」ための条件ではないか。

「こいつは見処があるから育ててみよう、助けよう」と日田重太郎が思ったのは、「金儲け」は二義的ととらえ、信用、人材こそが第一という佐三の考え方、生き方に共感したからにほかならない。

やはり人に見込まれる人になるのなら、ビジネスではなく人材本位で生きよ、ということになるだろう。

日田は、自分の息子の家庭教師を学生時代の佐三に任せたという。あまりにも厳しい指導に、「もう少しお手柔らかに」というほどのスパルタ指導であった。

しかし、その厳しさが「人を育てる」という佐三の後年もずっと続いていく信念の表れだというのは、日田もしっかりと感じとっていたのだろう。

だからこそ、自分の別荘を売却して、その資金を貸すのではなくただ与えるという、人を信じて、人に賭けることができたのである。

「ただやるのだから金は返さなくていい。利子もとらない。事業報告もいらない。好きに使ってよい。独立を貫徹せよ。兄弟仲良くやってくれ」

ただこれだけが、日田の希望であった。

もちろんこれは、佐三の独立資金となったのである。こんな人に認められた佐三はラッキーだった。

もちろん、そのラッキーをよび込んだのは「あくまでも人材本位」という、佐三の心の姿勢であったのだ。

士魂商才

もう1人の恩人であった水島銕也について解説しよう。

先述の神戸の鈴木商店は、すでに酒井商会に入社が決まったあとに入社依頼があった。水島の口ききによるものであった。が、ときすでに遅し。佐三は酒井商店で働きはじめた。

独立した佐三の店には「士魂商才」と書かれた書が飾られていた。この書は水島の手によるものだった。

サムライの心、武士の魂というのは、「お金」を第一主義として重んじるのではなくて、あくまでも「人」「信」「義」というマインドのもとに生きることにある。

そのうえでビジネススキルも磨くこと、商売人として商に精を出していくのである。

この士魂商才こそが、佐三のビジネスにおける態度を端的に表しているものだろう。

あまりにも「商魂」たくましく、まずはビジネスありきという風潮は私はあまり好まない。

レトロ趣味はないけれども、「士魂」を持って生きていたのは、やはり明治人だからではないか。

なにしろ、維新前は帯刀の時代であったのだから。

そして、佐三も士魂ある明治人であり、大きな時代のなかを生き抜いてきたということだ。

水島は神戸高商の初代校長である。当時、高等商業学校は日本に2つしかなかった。

水島の考えとしては、優秀な学生（人材）が欲しかったので、入試科目は出身校の履修科目から選択できるような制度をとっていた。

これは、佐三にとって運がよかった。

当時4倍という倍率を勝ち残り、神戸高商に入学した。

そして、水島校長と出会った。

水島の人柄は、佐三の理想とするところでもあった。

在学中に、神戸高商で神戸商工会議所会頭の講演会があった。

そこで会頭がいったのは、商人とは「利潤の追求」を目的とするという中身であった。

商人は金を儲けるのが仕事、ということだ。

しかし、学生たちは反発した。佐三も含めて「黄金の奴隷たるなかれ」ということばが流行ったのだという。

この「黄金の奴隷たるなかれ」は、後の佐三の人生を貫くことばであり、「今」の令和の世に広めたいことばでもある。

金儲けが第一義というビジネスパーソンもいる。

だが私は、そうではないと信じている。

あなたも自分が活動している場所で、「黄金の奴隷」になってはいないかとふり返っていただきたい。

士魂商才のビジネスパーソンたれ、と強くいいたい。

恩師、水島銕也

神戸高商時代に、佐三は2人の恩師と出会っている。その後の佐三の事業経営の基礎はすでにこの頃から終生変わらなかったといってよい。

恩師の1人である水島は「士魂商才」の精神を佐三に注入した人物である。

ほかにも、大きな影響を佐三が受けていると思われることを2点ほど加えておこう。

それは、佐三の後年の「人間尊重の経営」「家族主義の経営」に見られる。

戦後の復員者に対しても、佐三は1人もリストラせずに、給料をプールしたり、手紙を送ったり、場合によっては自ら訪ねて行ったことはほかでも触れた通りだ。

『この生命ある限り』の著者・大石邦子氏にも、佐三は自ら訪ねて行っている。これはもう彼が80代になってからだった。

実は大石氏は3年間、出光で働いていたことがある。しかし、事故により障がい者となってしまったのだった。

それが佐三の訪問により、奇跡的に回復に向かったのである（これは余談ではあるが）。

この佐三の行動の原型は、水島氏にある。

水島氏は、海外に赴任する卒業生には電報を打ったり、関東大震災の被災者には、自ら訪ねて行って励ましたりした。

あたかも佐三のようだ。というよりも、佐三が水島のようになったのである。

人間尊重の実践者であり、卒業生であろうとも「家族」と思い、人間対人間としてのつきあいをしていくのである。

「この人のようになろう」と、佐三が誓ったのは、想像にかたくない。

そして、もう1つが「友団」の創設である。在校生のなかで出身地を中心にして、いくつかのグループをつくることを友団という。

そして、そのグループごとに成績をつけ、「競争」させる。また、「助け合い」をさせていくというシステムだ。

友団の内部の結束はあたかも家族のように強くなる。絆ができるからだ。

また、ほかの友団とも「負けないぞ」というよい意味でのライバル関係もできていくわけだ。

家族主義の経営のもとは、まさに神戸商高の水島にある、と私は考える。

もう1人の恩師

水島に加えてもう1人、佐三の経営に多大な影響を及ぼした人物、恩師がいる。後年、佐三が消費者を重視して、大地域小売業を行うことになるコンセプトを提示してくれた、内池廉吉《うちいけれんきち》教授である。

佐三が神戸高商在学当時、日露戦争後で景気は上向いていて、まさに「黄金の奴隷」であるかのように拝金主義に走る者は多かった。「商人＝黄金の奴隷」といってよい時代である。少なくともそういう風潮はとても強かった。

学校のなかにも、そんな風潮に反発する者は多かった。

「問屋のような者、投機的商人はいなくなる」

「生産も需要も多様化するから、ますます生産者と消費者が直接結びつくのは難しくなる」

「だからこそ、生産者と消費者を直接結びつける商人が求められるのだ」

配給論の講座を担当していた内池の話に、佐三は心をうたれたのだ。

「これだ！　これが今後の商人の真のあり方だ」

と直感したのだった。


当時、エネルギー源の主流であったのが石炭だ。

しかし、これからは石油の時代になると見抜いた佐三の眼力は卓越していた。

この石油に目をつける先見性、士魂商才、家族主義の経営を水島から、生産と消費を結びつける大地域小売業の発想を内池から学んだ。

ここに、出光佐三の原型が、形づくられたといえるだろう。

大拙との出会い

鈴木大拙《すずきだいせつ》（1870〜1966年）は海外へ日本の「禅」を知らしめた第一人者であった。本名は貞太郎という。

奇しくも佐三は大拙と同じ長命で、96歳まで生きた。

1956（昭和31）年春、アメリカのオークランド市立美術館において、日本文化祭が開かれた。そこに佐三は仙厓の作品を、当時すでに1千点以上収集していたなかから22点を出品した。

協賛展として、仙厓、白隠《はくいん》、良寛《りょうかん》といった禅画展が催されて、佐三は書画に加えてカタログを作成し、それを出品した。

すると、そのカタログを見た当時ニューヨーク在住の大拙から、佐三のもとに手紙が来た。

当時大拙は80代半ばであったが、講演活動も行うなどまだまだ元気であった。

佐三への手紙には「十数年来の友人のようだ」と書かれてあり、日本に戻った大拙のもとを佐三は訪ねたのであった。

「私は自分の信念のもと経営を行ってきました。しかし最近外国に行き、かの地の経営を見るにつけ、果たして今までのやり方のままでよいのか少々の迷いが生じています」と、大拙に佐三は心の内を吐露した。

じっと佐三の話を聞いていた大拙は、「今まで通りにやりなさい。それでよい」というのだった。

そのとき、1959（昭和34）年2月以来、大拙は佐三にとっての心の師となった。私淑《ししゅく》したのである。そう、今でいうメンターであった。

大拙に教わったことのなかで、佐三にとって印象深かったのは、モラルと道徳の違いであった。

特に外国のモラルは、法律や規則という外面的なもので、紙に書いた約束事を守るというものだ。しかし、日本の道徳は違う。

一言でいうと、**人間の真心から出てくるもの**、であり、人間の心のなかにあるものだ。決して、紙に書いた約束事などではない。モラルと道徳は別なのである。これは、佐三が大拙から学んだ大きなことである。

戦後、アメリカからのモラルが上、日本の旧来の道徳が下という風潮に対して、おかしいと感じていた佐三は、大拙のことばで納得できたのである。

経営もモラル中心で行うのか、それとも本来心のなかにある道徳心で行うのか。当時は迷っていたが、佐三は「道徳」を選んできたのだった。

また、本格的なものではなかったが、それでも、後半生においての鈴木大拙との出会いにより、禅的に生きたことは確かのようだ。

経営していくこと、ビジネスそのものが佐三にとっては「禅」の修業でもあったといえる。

第五章

佐三のことば

great person
SAZO
IDEMITSU

佐三のことば

佐三はどのようにして「家族」として社員と接していたのか?

それは、新入社員に対して「子どもが生まれた」というつもりになり、接していくことがあげられるだろう。

もちろん、これは佐三自身が、自ら実践していったことだ。

さらに新人が入ってきたら、ほかの社員も佐三から接してもらったのと同じようにしていく。

出光では、入社した社員は子どもが生まれたという心持ちになって、これを愛の手を伸ばして育てることになっている。

（『マルクスが日本に生まれていたら』より）

この関係とは、決して「雇用関係」ではない。そう、それは本当の「親子関係」に近い。つまりは「家族」なのだ。

家族は関係が終わらない。夫婦は終わっても家族には「血」のつながりがある。そして佐三においては、**血のつながらない本当の家族**といういい方が、店主である佐三と店員との関係を示しているだろう。

（前掲書より）

親と子どもの関係というものは、これは理屈や利害の問題じゃない。無条件に子どもの将来を考えるということだ。

この関係において、定年も組合もなくて当然だといえるだろう。

「企業内起業」ということばがある。

あるいは、社内において自分が持ち場で主人でありいわば社内社長とでもいう「自分が主役」という考えもある。

しかしこれは、すでに1940(昭和15)年、訓示のなかで、すでに佐三が示したことでもある。

こういうことばを佐三は口にしている。

仕事の上においても、私のみが独立して居るのではありません。店員各自が、其の持ち場持ち場において独立して居るのであります。換言すれば自己の仕事の範囲内では、全責任を負ひ、完全に事務を遂行すべきであります。

(『我が四十五年間』より)

随所に主となれと禅の教えにもあるが、まさに佐三の説くところは同じだ。佐三は、このような「独立自治の精神」を体得せよというのだ。

あなたは、会社員であったとしても、このような「自分の持ち場の主」となれているだろうか？

会社内のいかなる役職や案件の担当となったとしても、責任とあわせて、独立自治の精神を持つことが重要だ。そうすることで組織も強くなっていくだろう。

至誠をつくす

後年、出光興産の3代目社長となるのが石田正實《いしだまさみ》である。

ときは戦時中までさかのぼる。「石油」は、日本の太平洋戦争におけるキーワードであり、「死守」すべきものであった。

東南アジアを中心に、地元の石油を軍が用いて、そのあと地元民への配給をどうしていくのか、これは大きな問題だった。

現地軍の案は、2500人にも及ぶ大所帯で、「石油国営公団」という名目の、業者と軍人が「なあなあ」でつくったものである。

燃料課長の中村義十郎から出光への面会の求めがあった。

そのときの佐三は貴族員議員で、石油会社の経営者であり、課長はぜひとも意見が聞きたかった。

「ということで、２０００人以上必要だというのです」

「考えられません な！　私のところなら２００人で十分」

「え、本当ですか？　でも、南方のフィリピン、ビルマ、ジャワ、マレーと全域なんですよ」

「大丈夫です。何てことないですよ」

ということで中村は佐三の案に協力することとなったのである。

先の石田は、この「石油班員」としてマレー班の班長をしていた。

しかも敗戦とともにシンガポールのレバノン島に移り、そこで自給していくつもりで菜園までつくっていたところだった。

やがて、１９４６（昭和21）年2月12日、浦賀港に石田は到着した。日本へ帰還できたのだった。

消毒薬のＤＤＴを頭からかけられて、石田には東京行きの許可が出た。

石田は同じく帰還した江藤猛とともに、焼け野原の東京、有楽町に立った。

「ひどいものだね」

「ああ、会社もおそらく……」

ところが銀座の周辺にたどりつくと、「出光館」の看板が見えた。

「おい」

「あった！」

２人は叫びながら、走り出した。

また、体力も回復していなかった石田と江藤であったが、会社が残っていたことに感動し、受付もそそくさと通過して、３階まで駆け登る。

そう、３階は店主室であり佐三がそこにはいるのだ。

「店主、ただいま戻りました！」

突然の２人の帰還に、佐三は息を飲んだ。

直後、破顔一笑、「よくやってくれた。ありがとう」と佐三は2人の手をにぎりしめるのだった。目には涙も浮かんでいる。そう、家族が復員したのだった。

「君たちが無事に帰ってきてくれたこと、これが何よりだ。どうだ、お腹もすいているだろう」と、佐三は2人をすし屋に連れていった。

しかし、あまりにも長い間食べない生活をしてきた2人は、胃も小さくなり、小食だったという。

「君たちのおかげで、出光に対しての悪い噂が吹っ飛んだ。国賊だとか、利権ウンヌンというやつだ。石油班の一生懸命さは、『よく働く、骨身をおしまずに仕事する』という印象を軍人にも、地元民にも与えてくれた。私も君らのことを誇りに思っている。本当にありがとう」

石田も江藤も、店主からのほめことばに涙するのであった。

1946（昭和21）年2月『出光五十年史』のなかで、佐三は石田たちについて触れている。石田の報告についてはこう述べている。

「私どもは戦争には敗けました。けれども、店主に授けられた使命は完全に果たしてきました」という報告で、僕はそれを聞いてうれしかったね。

（『出光五十年史』より）

ここでいう石田の使命とは、佐三が石油班を送り出すにあたって壮行会を開き、そこで伝えた使命であった。

過去三十年間体得したる不退転の信念と超越せる経験とを生かして国家に奉公の誠を致せ。

（前掲書より）

彼らはその「仕事ぶり」で、見事に誠を示してきたのだ。

よみがえりの3条件

佐三は戦争の旗印は「正義人道」だと説く。

一般市民への空爆、ましてや原爆のどこにも正義も人道のかけらもない。

これはもちろん、その通りだろう。

だから、アメリカとの戦争も、後期は戦争とはよべないし、「戦争は消えたのであって、敗けたのではない」と彼は述べている。

佐三は終戦のわずか2日後に、終戦のショックが残る出光の全店員に向けて訓示をした。

そこで、これからするべき3つのことを説いたのだ。

この3つは、私たちがくじけそうになったり、あきらめそうな弱気になったときに、思いおこすべきこと、実践すべきことである。

①愚痴をやめよ
②世界無比の３０００年の歴史を見直せ
③今から建設にかかれ

この３つである。

愚痴をやめよ

まっ先にすべきは、否定的なことを一切口にしないこと。これだけを心がけて、まずは、するべきことをする、のだ。

私は日々口にすることばこそが、人生を変え得るのだと信じている。どんなにつらく苦しくても、あえて前向きなことばを口にするべきだ。

中村天風は、ことばが心をつくると説いた。

痛い、つらい、苦しい、ダメだ、疲れた、景気が悪い、ムリ、できない……などと口にしても、事態は好転していかないのだ。

ことばを変えれば心が変わり、行動が変わる。どんな人も、まずはここから行うとよいだろう。

世界無比の3000年の歴史を見直せ

2つ目は「日本」そのものに自信を持ち、よい意味のナショナリズムたれ、ということである。

日本は数百年単位の新興国ではないのだ。「神洲」としての歴史は明らかにある。

佐三は店員に2つ目の願いとしてこのように述べた。

これもただ店員に向けて説いたのではない。「家族」に向けたのだ。

「もっと自信を持って生きよ」

「日本をよりどころとせよ」

という心の支えをもって前進していきなさい、という愛情のこもったことばでもあるのだ。

今から建設にかかれ

これは佐三の3つ目の願いである。

ときの急所、やるべきときというのは、明日ではない。明日の朝がやってきても、いつでも目が覚めるのは「今日」「今朝」でしかないのだ。

さらに、今日のなかでも「あとで」もない。

私たちが感じて考えられるのはいつも「今」しかないのだ。
「今」「ここで」「あなたが」やらねばならない。
私たちも、やるべきときは「今」である。

とにかく3年は全力でやってみよう

佐三の神戸高商時代の恩師の1人が、ほかでも触れた内池教授である。
もちろん、佐三の大地域小売業は内池のアイデアであり、ついに佐三はこう確信するに至った。

この生産者との間に介在して(中略)相互の利便を図る機関は、社会構成上絶対必要なる事でありまして、社会と共に永久であると云ふ信念を持ったのであります。

(『我が四十五年間』より)

そして恩師のもう1人、水島のことばに、佐三が事業をしていくにあたって心がけたことがある。

私は水島先生の卒業式の告辞「石の上に三年」を唯一の頼りとして奮闘しました。

（前掲書より）

これは「すぐ」に効果を手にしたい今の若者世代には、あえて特に強調したいことである。

つまり、結果がすぐに出なかったとしても、「あきらめない」のが、成功するための基本である。

チャーチルが母校において、ただただ力強く「ネバーギブアップ！」とくり返し唱えたエピソードをまず意識してほしい。といっても、もちろん永遠にというのではない。

これは事業に限らないが、1つのことをマスターするのに、最低1000日、つまり3年というのは相場であろう。逆にいうと、3年続けていないことには「素人」の域を出ないといってもよいだろう。

佐三の事業は、現実には3年でガラリと好転したわけではなかった。

だが、「3年やり続ける」ということで「苦しくても耐え抜く」「苦しさのなかに楽しみを見い出す」ような、商いをしていく上での基本を身につけられたといえる。

もしも、「まだ成功できていない」と嘆くのであれば、このときの佐三に習い、まずは「石の上にも3年」と、3年は全力投球してみることだ。そこから、道は拓けてくるだろう。

仕事はスキルよりも、まず人間

私は、ずっと「効率的な仕事の進め方」をテーマとして、ビジネス書を書いてきた。

また、今でも「段取り術」や「タイムマネジメント」などの研修を行っている。

しかし、「佐三の生き方」を知るまで、「効率的」に仕事をするうえでの大前提を、残念ながらはっきりとは実践していなかったのである。

仕事を効率的に進めていく前にすべきこと。

あるいは、それが実は効率化そのものよりも、大切であったことを忘れていたのだ。

何だかわかるだろうか？

それは、まず「人づくり」ということである。

それを実感したのは、つい最近、セミナー業界の先輩との話でだ。

「実はね、松本さん。この頃困っていることがあるんだよ」

と先輩がいう。

「どうしたんですか？」

「実はね、今、若手ナンバー1が45歳なんだよね」

「……」

「昔から人材育成をしていなくてね、若手が育っていないんだ。だから、45歳でも一番の若手なんだよ」

と先輩はいうのだ。

売り上げを上げる以前に、少なくとも並行して、「人を育てる」ことをしておくべきだ。

余裕がないと勘違いしてしまうが、効率化はそのあと。優先順位は人育ての次だ。

人材育成には「期限」はない。「期限」や「納期」のないことは、どうしても先送りしがちになる。

しかし、それゆえに、時間を投資して次代を育成しておくことが一番大切なのだ。

仕事も人間が本位である。資本よりも人間である。組織よりも人間である。規則法律と云うものも人間によって生きる。

（中略）

私共は、（中略）自分を修養し、その修養した人が一致団結して団結力を発揮して、人間の真の力を出す所謂人間尊重と云う様な言葉を使って今日まできて居るのであります。

（『我が四十五年間』より）

こう佐三が述べたのは、1957（昭和32）年5月の徳山精油所の竣工式あいさつにおいてである。

「人の教育」というのは、「基本からよく見る」ことによってなされる。佐三は掃除の仕方1つまで、丁稚に来た若者に対して「こうやって布を伸ばして引っかけるとよい」というように1つひとつ、手を抜くことなく指導したという。

仕事の効率化の前に、自ら手本を示して、基本から1つひとつ教えていくこと。これではじめて人が育つのだ。

銀行は必要なだけ貸す

ベンチャービジネスや私のところのように個人経営の会社は、「大きなこと」をやろうとするとどうしても、「資金」を借り入れるのに苦労することになる。

では、必要なだけの資金を手にするための条件とはなんだろうか?

1つは、アイデア。将来性のある世のため人のためになるアイデアか、実現可能か、そしてチャレンジするに値するかということだ。もちろん、そのアイデアを本人がチャレンジしようとしているかが大切だ。

「青年」は、決してチャレンジを恐れてしまってはいけない。

ここでいう「青年」とは、暦のうえの年齢ではない。サミュエル・ウルマンのいったように80歳だろうと20歳だろうと、「心が若い」のなら青年であり、青春だ。逆にいくら若くても、チャレンジ精神がなくては青年とはいえない。

ここまではわかっていただけただろうか。

佐三から学べるもう1つの条件がある。

これがあったなら、銀行はむしろ「喜んで」あなたに資金を貸し出すものと覚えておこう。

では、その条件とは何か？　佐三のことばを見てみよう。

『「人の世界」と「物の世界」』（1963年8月）のなかで、佐三は資金を借りられないのは、「会社の内容が悪いから銀行が貸さんのだよ」といっている。

そして、次が私のいう条件、ポイントである。


昔から銀行は出光を育てよう育てようとしてきたと銀行関係の人は言っておられる。

（『「人の世界」と「物の世界」』より）

つまり、アイデアのみならず、「この人、この会社を育てよう」と思われるような人物になる、会社にしていくことがもう1つの条件といえる。するとどうなるか？「ぜひ借りて下さい。お願いします」と銀行が頭を下げるようになるのだ。


私は、銀行員の息子なのだが、父がよく、子どもの私に対して「融資の条件」についてわかりやすく説明してくれていたことを覚えている。

そして最後はいつもこういうのだった。

「会社やアイデアにお金を出すんじゃないんだ。最後は『人』だよ」

そしてそのあとに、「お前も人格を磨け」といっていた。

亡くなったあとに、そういえばそんなこともあったなとときどき思い出していた。

佐三について、調べていくうちに思い出したのだ。

まず「今」からやるべきこと。

それはあなた自身が人格を磨き高めて、先方から「この人を育てよう」と思われるようになることだ。

まずは、あなたが変わることからはじめよう。

信じるのは人間のみ ～この7つの奴隷になるな～

すでに触れてきたように、学生時代から佐三は「黄金の奴隷になるな」をモットーとしてきたし、自ら実践してもきた。もちろん、これはお金を軽んじるというのではないことは、これまで述べてきた通りだ。

活用しろ、されど振り回されるなというわけだ。

これ以外に6つ、計「7つの奴隷」になってはいけないと佐三は説いた。

①黄金の奴隷になるな
②学問の奴隷になるな
③法律、組織、機構の奴隷になるな

④権力の奴隷になるな
⑤数、理論の奴隷になるな
⑥主義の奴隷になるな
⑦モラルの奴隷になるな

①はすでにほかの項で述べた通りである。

②の「学問の奴隷になるな」は、とにかくまずは勉強して自分の頭で考えることである。

経済学の教授がビジネスをしたからといって、すべてうまくいくとは限らない。「理論倒れ」ということもある。

佐三は、「現代の世相は学問とか知識に依頼心を持ちすぎている」と説く。だからまずは、新入社員には「卒業証書を捨てよ」ときついこともいうのだった。

肝心なのは、いつでも「人間」そのものだ。

③の「法律、組織、機構の奴隷になるな」は、戦時中も戦後も、佐三の「革新性」と士魂商才、「人」中心の経営が、従来の法律、組織、機構とよく衝突したところからきている。実践家だった佐三は、机上の空論を説いた国策会社や官吏とは相入れないことが多かったのだ。

④については、GHQやメジャーであろうと恐れずに立ち向かって正義を貫く佐三の生き方がよく示されている。

⑤も⑥のように、戦後に佐三がよく説いていたことである。社会主義だろうが、資本主義だろうが「よいものはよい」「ダメなものはダメ」というのが佐三流だ。

⑦については、鈴木大拙との出会いでも触れたように形だけのモラルではなく、心のなかから出てくる道徳を重んじるということだ。1つにこだわらない。だからこそ、ソ連からの石油もイランの石油も消費者のために輸入することができた。

「大義に生きる」といったらよいだろうか。

会うべき人には会うべきときに必ず出会う

もともと、佐三が「出光商会」をつくったのは私心からではなかった。もちろん儲けようとか、名を売ろうというのも動機ではない。佐三が丁稚奉公中に実家が「破産」してしまった。そこで、親兄弟のために何とかしなくてはいけない、というのが事業をスタートさせたきっかけだった。

親兄弟のために働かなければならんと決心した。これが出光商会をつくった動機なんです。

これは親に孝行し、兄弟を救おうという日本人の道徳からでたことです。

（『我が六十年間』より）

ところが、佐三には資金がなかった。

先の「資金を出してもらう条件」を覚えているだろうか？

佐三は「こいつを育ててやりたい」と人々に思わせる人物であったようだ。

そして、**人を磨いていけば、必ず会うべき人に会うべきときに出会う**ものであろう。

特に佐三の人生はそうであった。

やるべきこと（人を磨くこと）を一生懸命しているのなら、必ずよい出会いがあるのだ。

J・F・ケネディが、人生において一番大切なことを〝Encounter〟（出会い）と説いたのもそういうことだ。

人を磨き続けていく、という条件が満たされたなら、人は必ず会うべき人には会えるのだ。

「こいつは将来大物になる。助けてやりたい」

と、日田が佐三を見て直感したように、これは理屈ではなくて人間の不思議な出会いといってよい。そして、京都にあった別荘を売って、「6000円をお前にやる」と、貸すのではなく無償で与えるというのだ。佐三への信頼と決意のほどがわかるだろう。

そして、人間としての最上の徳、陰徳を日田は積んだ。

なぜなら、「お前に事業資金を私がやったということは決して誰にもいってはいけない」というのだから。もちろん、節税とか、宣伝ではない。

佐三は、自分を磨き高め、人を信じたために人からも助けられ、育てられていったのだ。

人に恩をきせない陰徳のあり方を日田翁に教わったということは、私は日本人としてどこまで恵まれているのかということです。

(『我が六十年間』より)

いずれにしても、佐三が事業家としてスタートできたのは、日田の力なくしては無理だったのは、いうまでもない。

私たちもこのような、協力してくれる仲間との出会いがあるはずだ。

それは、お金がからむ話だけとは限らない。

人生の「恩人」とよべる人が、これからのあなたの前に現れる。必ず。

出光佐三略年表

西暦	和暦	出光佐三に関する出来事	その他の出来事
1885	明治18	福岡県宗像郡赤間町（現・宗像市）で出光佐三生まれる。父は藤六、母は千代。	
1901	34	福岡市商業学校に入学	
1904	37		日露戦争勃発
1905	38	神戸高等商業学校（現・神戸大学）に入学	日露戦争終戦
1906	39		南満州鉄道株式会社設立
1909	42	酒井商店に丁稚として入店	
1911	44	門司において、出光商会を創立（6月20日）。石油類の販売を開始。	
1913	大正2	下関で発動機付漁船燃料油販売に着手	
1914	3	満州など東アジアで海外販路開拓	第一次世界大戦勃発
1918	大正7		第一次世界大戦終戦

1931	昭和6		満州事変勃発
1932	7	門司商工会議所会頭に就任（1940年6月まで8年間在任）	満州国設立
1934	9	満州国初代駐門司名誉領事に任命される（満州国在続期間中在任）	
1937	12	貴族院議員に選任される（1947年3月まで10年間在任）	日中戦争勃発
1938	13	日章丸（1世）就航（1944年2月、ダバオ沖で魚雷を受け沈没）	
1939	14	中華出光興産株式会社、満州出光興産株式会社設立	第二次世界大戦勃発
1940	15	出光興産株式会社設立	
1941	16		真珠湾攻撃 日本、第二次世界大戦参戦
1945	20	海外全店閉鎖、引き揚げ開始	第二次世界大戦終戦

1946	21	旧海軍タンク底油の集積作業開始 その他ラジオ修理・販売、印刷、農業、水産、醗酵等各種事業を行う。	
1947	22	出光商会は営業を停止し、出光興産株式会社に引き継ぐ。	
1949	24	元売業者として発足	
1950	25	民間貿易による原油の輸入を開始	朝鮮戦争勃発
1951	26	民間貿易による重油の輸入を開始 日章丸（2世）就航	
1952	27	高オクタン価ガソリンをアメリカから輸入	
1953	28	日章丸が川崎港に帰港し、イランからの石油輸入に成功。	朝鮮戦争休戦
1955	30		ベトナム戦争勃発
1957	32	徳山製油所竣工	
1958	33	徳山にマンモスタンカー荷受設備完成。	
1959	34	ソ連原油を初輸入	

1963	38	千葉製油所竣工 石油連盟による自主生産調整の実施に反対し、石油連盟を脱退。	
1964	39		東京オリンピック開催
1966	41	会長に就任 「生産調整」が撤廃され、石油連盟に復帰。 出光美術館開館	
1968	43		日本、ＧＮＰが世界2位になる
1970	45	兵庫製油所竣工	大阪万博開催
1972	47	店主に就任	
1973	48	中国（大慶）原油を初輸入 北海道製油所竣工	第一次石油危機
1975	50	愛知製油所竣工	ベトナム戦争終戦
1981	56	出光佐三逝去	

あとがき～変わるべきものと変わらざるべきもの～

コロナ禍の2021年、東京で二度目の東京オリンピックが開催された。

私は、一度目の東京オリンピックを観戦した世代だ。たまたま、住まいが駒沢オリンピック公園の裏手にあったこともある。一度目と二度目では大きく変わっていたが、おそらく私くらいの年齢の人々は、当時を思い出し、比較することもあっただろう。

オリンピックの記憶について話していこう。オリンピックの平泳ぎの金メダル。1964（昭和39）年当時の記録は、今だとどのくらいの記録になるか？　というのをテレビでちらりと観た。当時と今では、頭を水没させてはいけないというルールの差などはあるらしい。しかし、今は小学生が出す記録なのだという。50年以上も経つと、金メダリストの記録もそのくらいに進化していって、というよりもキープはできずに革新されていくものだ。人間のスキルの進化向上はこれでなくてはいけない。ビジネスでも同様だ。

私の専門である、仕事の段取り、タイムマネジメントの例をあげておく。

約100年前、製鋼会社のベスレヘム・スチールの経営改革に乗りこんだ、アイビー・リーの事例だ。彼は社長に乞われて会社建て直しの「優先順位付け」のアイデアを授けた。紙に翌日やるべき重要な仕事を6つ書き出すこと。重要な順に、1つひとつ実行していくこと。という、ごくごくシンプルなアイデアを出した。が、現実に実践した社長や幹部は、その大いなる価値を認めた。アイビー・リーはこのアイデアで2万5000ドルを得たという。当時のフォード社の新車が14台も買えた金額だという。

そのアイデアは100年経つとビジネスパーソンが「常識」としていて、むしろ陳腐化しているといってよいくらいに聞き慣れた「ToDoリスト」として、今も用いられている。

改良されて進化していくのは、スポーツでもビジネスでも同じだ。そしてそれは日進月歩であり、「変わるべきもの」「変わらなくてはならないもの」であろう。

決して、時代に取り残されてはならないのだ。

しかしいくら時代が変わっても、変えてはいけないもの、変わらざるべきものもある。それは志であり、大義であり、己の夢に忠実に生きることだろう。私は日進月歩の、予測不可能の混迷の時代だからこそ、出光佐三の生き方に学ぼうといいたいのだ。

佐三の生き方は、人間として「変えてはならないもの」「変わらざるべきもの」が何なのか、私たちに強く示唆してくれている。

著者

参考文献

『出光佐三 反骨の言霊～日本人としての誇りを貫いた男の生涯～』水木楊（ＰＨＰ研究所）
『士魂商才の経営者 出光佐三語録』木本正次（ＰＨＰ研究所）
『マルクスが日本に生まれていたら』出光佐三（春秋社）
『私の履歴書 経済人 1』（日本経済新聞社）
『出光佐三経営思想の研究―企業家信念のイデオロギー問題―』裴富吉（大阪産業大学論集 社会科学編 103）

［著者］**松本幸夫**（まつもと・ゆきお）

1958年、東京都生まれ。人材育成コンサルタント。作家。能力開発、メンタルヘルス、目標管理や時間管理、スピーチ・プレゼン・交渉などの「コミュニケーション術」を主なテーマに研修・講演活動を行っている。指導する業界は、マスコミ、流通、通信、製薬、保険、金融、食品など多岐にわたる。多数の著書があり、コミュニケーション術のほか「人物論」にも定評がある。著書は『いまこそ中村天風に学ぶ』（ベストセラーズ）、『上司が何を言っているのかわからない！　というあなたへ』（海竜社）、『できるリーダーの伝え方＆語彙力』（三笠書房）、『運命を拓く×心を磨く 中村天風』（総合法令出版）など多数。累計220万部を超える。

※今日では問題とされる表現もありますが、本書の中で取り扱う人物が生きた当時の社会状況などを考慮し、一部は原文のまま掲載いたします。

運命を拓く×心を磨く
出光佐三

2024年9月18日　初版発行

著　者　松本幸夫
発行者　野村直克
発行所　総合法令出版株式会社
〒103-0001 東京都中央区日本橋小伝馬町15-18
EDGE小伝馬町ビル9階
電話　03-5623-5121
印刷・製本　中央精版印刷株式会社

落丁・乱丁本はお取替えいたします。

ISBN 978-4-86280-965-0
総合法令出版ホームページ　http://www.horei.com/